Pour Amaury, Emeric, Camille,
Gabin et Marius

deBorée

45, rue du Clos-Four - 63056 Clermont-Ferrand cedex 2

Éditrice : Stéphanie Jardy

Imprimé en Pologne
Dépôt légal : novembre 2019
ISBN : 978-2-8129-2363-0
www.deboree.com
livres@centrefrance.com

Au pas du Cheval

Albine Novarino-Pothier

Avant-propos

Un cheval, des chevaux. C'est là un joli souvenir, commun à toutes les enfances, quand nous apprenons le pluriel des noms communs et que certains pluriels se montrent quelque peu retors et ont tendance à faire trébucher les meilleurs cavaliers de la grammaire. Mais rappeler ici le pluriel du nom cheval n'obéit pas qu'à un clin d'œil… Même si par ailleurs on connaît la passion des enfants et des adolescents, et surtout des adolescentes, pour la race équine. Le pluriel, en effet, épouse à merveille la diversité du genre : pas moins de trois cents races ont été recensées dans le monde. Certaines d'entre elles sont très connues, y compris des béotiens en la matière : qui n'a jamais entendu parler de l'Ardennais, du Barbe, du Camargue, du Mustang ou du Cob normand ? D'autres sont plus confidentielles ; on peut ne jamais avoir entendu mentionner l'Axios, le Basohstho ou le Franches-Montagnes et pour autant, ils existent bel et bien. Et indépendamment de ces terminologies, chacun d'entre nous, sitôt qu'il entend prononcer le mot « chevaux » a de multiples images en tête : du bon gros cheval de labour, puissant et lourd, mais toujours sympathique, voué aux travaux que lui infligent les hommes, au racé cheval de selle destiné à être monté pour le plaisir des yeux et l'enchantement des loisirs des mêmes hommes.

Dès lors, employé, allié ou ami de l'homme depuis la nuit des temps, le cheval occupe une place de choix dans la littérature ; cette anthologie a recueilli quelques-uns des plus beaux textes consacrés au cheval ainsi que des citations. Certains extraits sont connus, d'autres beaucoup moins. Tous ont en partage d'être une belle célébration de ce noble animal considéré comme la plus belle conquête de l'homme. Des poètes comme Victor Hugo, Alphonse de Lamartine, Maurice Carême, Maurice Verhaeren ou bien encore Jean de La Fontaine l'encensent. Il est le héros – parfois triste ou pitoyable – de belles pages en prose dans de nombreux romans. Chez Émile Zola ; Bataille et Trompette sont à la mine, Prosper et Zéphir sont à la guerre. Le cheval ne se venge-t-il pas – malicieusement, voire cruellement – de l'homme quand il met en difficulté des cavaliers malhabiles, sous la plume acide de Maupassant (Hector payera bien cher d'avoir voulu parader sur les Champs-Élysées !) ou de Stendhal (Julien Sorel connaît, lui aussi, de fameux déboires…) ? Mais l'animal peut être aussi un complice d'exception, quand d'Artagnan poursuit Fouquet, sous la plume d'Alexandre Dumas. Il devient une créature mystérieuse, voire inquiétante, dans les *Veillées bretonnes* de François-Marie Luzel. Acteur d'événements tragiques, comme dans la pièce de Jean Racine dans laquelle les chevaux d'Hippolyte jouent un rôle funeste, il est le compère inattendu de scènes amusantes chez Charles Dickens dans *Les Papiers posthumes* de M. Picwick.

Quand on aime les chevaux, on aime les textes qui leur sont consacrés. (Il est possible aussi que l'inverse soit vrai : en découvrant des textes consacrés aux chevaux, on peut se prendre de passion pour une espèce que l'on connaît mal et que l'on découvre avec un étonnement doublé de bonheur.) Au nombre des textes qui sont consacrés aux diverses races équines, de l'Antiquité à nos jours, il en est de particulièrement superbes, qui sont de véritables pépites. Ils sont fort peu connus. Il faut préciser d'emblée que leurs auteurs n'ont jamais recherché la gloire littéraire. Ils n'avaient qu'un amour : leurs chevaux, et surtout leur bien-être, leur épanouissement et leur. Ces textes magnifiques figurent pour certains – pas tous, hélas – dans la présente sélection. Ce sont des textes de cavaliers et d'officiers de cavalerie, tous transcendés par une communicative passion pour tout ce qui touche au cheval et à l'art équestre. À vous de les découvrir et de les apprécier. Excellente lecture à vous ! En selle, et au galop !

Le cheval, la plus noble conquête de l'homme

Un animal mythique

Il embellit nos prés et nos prairies. Grand mammifère herbivore et ongulé, il est doté d'un bon sens de l'équilibre et il a un fort instinct de fuite qui lui permet d'échapper à d'éventuels prédateurs. Ses aptitudes de visualisations spatiales sont particulièrement remarquables. Il se distingue des autres animaux par une étonnante caractéristique : il peut se reposer en entrant dans un sommeil léger, tout en restant debout. Quant à la jument, au terme de onze mois de gestation, elle met bas un poulain qui est en mesure de se mettre à courir peu de temps après sa venue au monde.

L'évolution de l'espèce : du petit mammifère forestier aux équidés modernes

De nombreux fossiles qui ont été retrouvés – et dont les plus anciens datent de soixante millions d'années – attestent que le cheval descend d'un petit mammifère qui vivait au cœur des forêts. À l'origine, Il possédait plusieurs doigts. Au fil du temps, il s'est adapté à d'autres environnements comme les plaines et les steppes. Il est devenu plus grand et son seul doigt médian s'est développé comme point d'appui pour aboutir à l'*Equus* du Pléistocène, d'une taille d'environ 1,40 m, il se déplace sur quatre sabots. Une étude génétique, qui a été réalisée sur un fragment d'os de cheval remontant à environ 735 000 ans, a permis de dater l'apparition de l'ancêtre commun à tous les équidés modernes à quatre millions d'années.

Le Tarpan et les autres

En se fondant sur les découvertes archéologiques, on a longtemps pensé, que les différentes races de chevaux étaient le résultat d'un élevage sélectif que les hommes avaient opéré à partir d'une unique souche sauvage : le tarpan. Diverses études récentes, qui ont été réalisées à partir d'analyses ADN, ont permis d'établir que toutes les races de chevaux modernes sont issues de plusieurs sous-espèces dont les principales sont notamment : le Tarpan (ci-contre), mais aussi le cheval des forêts, le cheval oriental et le cheval de trait.

Le cheval domestique

Le cheval domestique provient originellement de la partie occidentale de la steppe eurasiatique : Ukraine, Kazakhstan et Russie. Cependant, une étude de 2019 a mis en évidence qu'en plus des deux lignées de chevaux qui ont perduré jusqu'à nos jours : les chevaux domestiques modernes et les chevaux de Przewalski, il en existait deux autres qui sont aujourd'hui éteintes : l'une dans la péninsule ibérique il y a 4 000 ans et l'autre en Sibérie.

Morphologie du cheval

Le cheval est un quadrupède. Une terminologie spécifique s'applique aux différentes parties de son corps. Les termes employés sont souvent ceux qui sont habituellement réservés à l'être humain, comme « bouche », « jambe », « nez » et « pied ».

La hauteur du cheval se mesure au garrot, sorte de renflement situé à la jonction de l'encolure et du dos.

On distingue chez le cheval trois parties externes principales : l'avant-main, qui comprend la tête,

Anatomie du cheval

Le cheval possède 469 muscles qui représentent environ la moitié de son poids.
Toutes ses particularités anatomiques telles que par exemple son incapacité à vomir, sa possibilité de bloquer ses jambes pour dormir debout en phase de sommeil léger, résultent de sa niche écologique : celle des grands herbivores dont la fuite rapide est la seule défense.

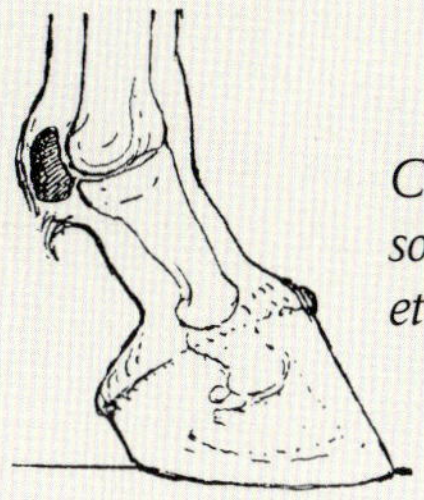

Chez les chevaux, les pieds sont particulièrement importants et font l'objet de soins attentifs.

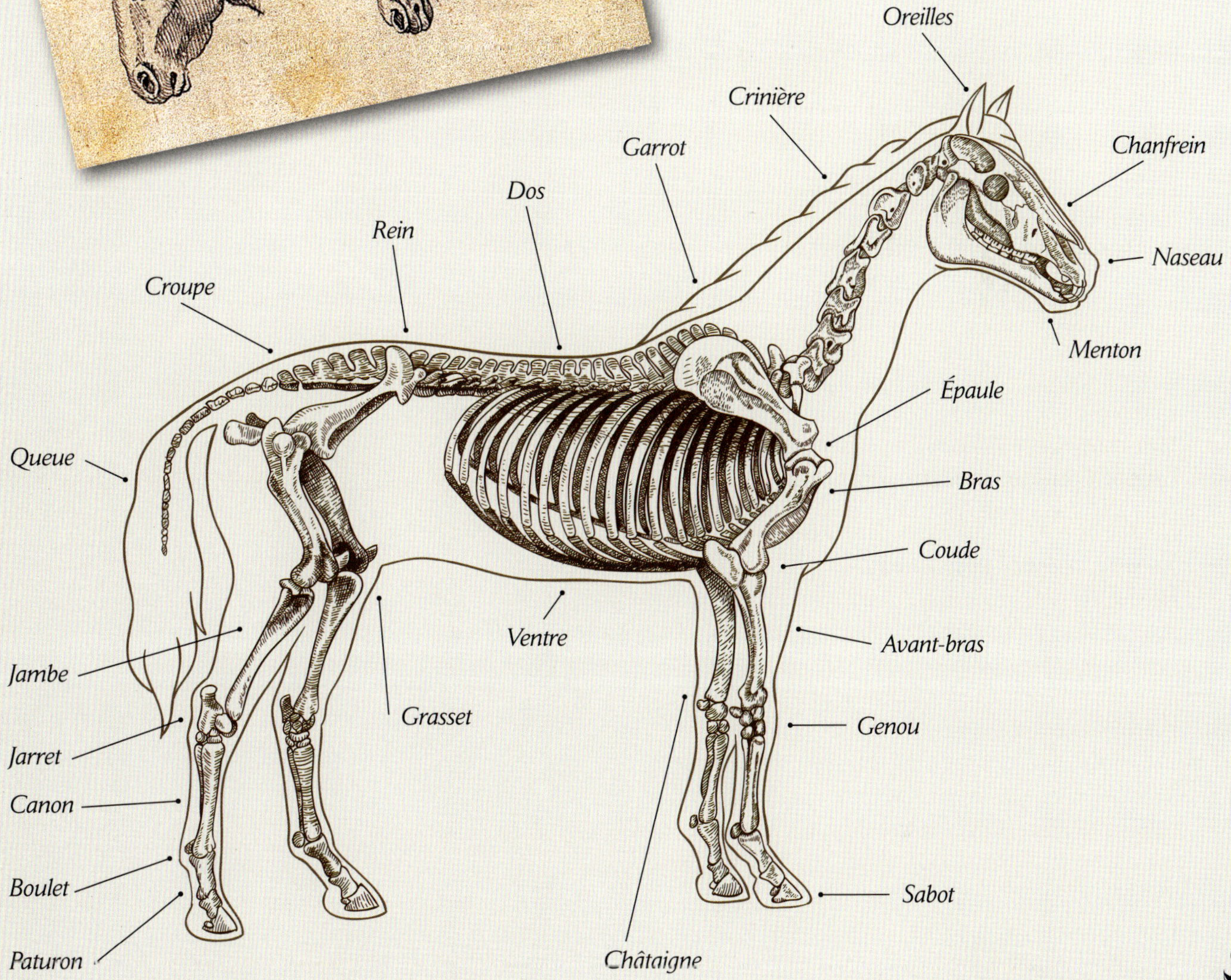

l'encolure hanches, des membres postérieurs et de la queue ; le corps autrement dit la partie centrale. Il porte une crinière et une queue avec des poils qui portent le nom de crins.

Les différentes races de chevaux

Elles sont nombreuses et très variées. Cette diversité a pour origine l'adaptation de l'espèce à l'environnement : aptitude à jeûner, résistance aux hautes températures, sûreté de pied en zones escarpées comme les montagnes. Mais surtout l'homme a opéré des élevages sélectifs et des croisements successifs en fonction de ses besoins, au fur et à mesure des domestications. Il a notamment privilégié la capacité de portage de l'animal, celle qui consistait à tracter de lourdes charges, ou la rapidité.
Les races sont généralement divisées en trois grandes catégories : les chevaux de trait : ils sont destinés à la traction ; les chevaux de selle destinés à être montés et les poneys. Catégorie particulière, les cobs. Ils sont classés à part dans la mesure où ils peuvent être montés aussi bien qu'attelés. De nombreuses races possèdent un registre d'élevage, l'inscription d'un cheval à un tel registre étant naturellement soumise à des règles de signalement et de conformité au standard de race.

Les mots du cheval

« Cheval » est un terme générique qui désigne en premier lieu l'espèce ou sous-espèce domestique. Ce terme inclut les populations qui sont redevenues sauvages comme par exemple les Mustangs ou le cheval de Przewalski. Ces chevaux qui avaient été domestiqués vivaient à l'état sauvage jusqu'au XXe siècle, mais qui provient en fait d'une domestication antérieure.

Une **jument** est une femelle adulte.
Une **poulinière** est une femelle adulte destinée à la reproduction.
Un **étalon** est un adulte mâle reproducteur.
Un **entier** est un adulte mâle non castré.
Un **hongre** est un mâle castré.
Un **poulain** est un jeune cheval de moins de trois ans.
Une **pouliche** est une jeune femelle de moins de trois ans.
Un **poney** est un cheval de petite taille, trapu et vigoureux.
Yearling est un terme anglais qui désigne un jeune cheval d'un an.
La couleur des poils et des crins du cheval constituent sa **robe**.
Les plus courantes sont le bai, l'alezan et le gris.
La **balzane** est une marque blanche placée au bas des jambes du cheval ; en fonction de sa taille et de sa forme, elle porte différents noms.

Paysages, silhouettes, univers aux antipodes les uns des autres, et toujours la beauté sauvage du cheval.

Descendant probable du cheval de Solutré, dans le sud de la Bourgogne, l'Ardennais est l'une des plus anciennes races de chevaux de trait en France. De l'époque romaine au XIXe siècle, ce cheval rustique, sobre, endurant et docile, s'illustre dans les travaux agricoles et les combats guerriers.

Les lointains ancêtres du Mustang sont issus des chevaux espagnols amenés par les conquistadors lors de la conquête de l'Amérique et sont retournés à l'état sauvage, après s'être enfuis ou après avoir été relâchés. Très résistants et extrêmement frugaux, ils vivent en troupeaux familiaux de taille variable. Chaque groupe est protégé par un seul étalon et comporte des juments ainsi que des poulains de l'année.

Le Camargue a des origines mystérieuses, bien qu'il soit considéré comme l'une des plus anciennes races du monde. Cette race de petits chevaux de selle rustiques, à la robe grise est un symbole de liberté. Monture des gardians de la région qui l'utilisent pour le travail du bétail et à l'occasion de nombreuses fêtes populaires, ce mythique cheval bénéficie aussi d'une grande notoriété grâce à l'équitation Camargue.

Rosa Ibera
Equus
a Horse
Marigold
a Spanish Rose
calendula
Rosa cum germinibus
a Single Narcis
Narcissus simplex
P. Stent Exc.

Mon beau cheval

roi des prairies

Il peut exister des chevaux plus rapides
et sans aucun doute plus élégants,
mais pour la tenue et l'endurance,
je ne lui ai jamais trouvé d'égal.

Wellington s'exprimant au sujet de son cheval Copenhague

L'homme n'a pas
la perfection
du cheval.

Baruch Spinoza

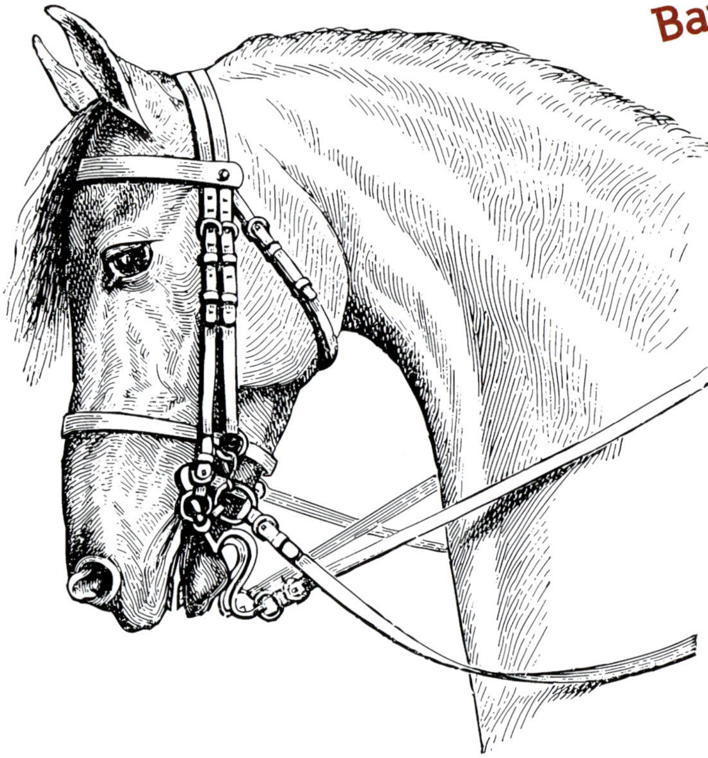

Mon
ROYAUME
POUR UN
CHEVAL !

Boabdil

Les chevaux n'ont
pas de patrie.

Maréchal Ney

Un peu d'écume s'échappant
de la bouche d'un cheval fait
dire qu'il a la bouche fraîche,
et non pas qu'il bave.

Jean Kazac

Ô cheval superbe et divin,
de quelque côté qu'on tourne les yeux,
on aperçoit aussitôt ta silhouette
élégante et majestueuse.
Tu es partout, mon beau vaniteux.

Henri Lavedan

Le cheval est un cadeau
de Dieu à l'homme.

Proverbe

S'il n'y a pas deux feuilles
pareilles au monde,
il n'y a pas, non plus,
deux chevaux pareils au monde.

Armand Charpentier

Le loup a une gueule,
on en parle assez souvent ;
mais le cheval a une bouche.

Jean Razac

Le **CHEVAL** naît sur ses pieds,
l'**HOMME** n'est pas né à cheval.

Alessandro Alvisi

La jument de la Grénetière

La ferme, abritée par une ceinture de bois que le vent tourmentait, n'était séparée que par là des plages où les vagues écumaient, sonnaient et sautaient pendant trois saisons de l'année. Elle s'appelait la Grénetière, et on pouvait la dire assez mal nommée, car le froment poussait médiocrement dans ces terres salées ; on n'y voyait de belles moissons que celles de sarrasin, qui levaient drues leurs tiges rouges et leurs fleurs couleur de nuages d'été, où les abeilles font leur miel. D'ailleurs beaucoup de genêts, beaucoup d'ajoncs, et des marécages, et des terrains perdus où le vent semait et où la gelée d'hiver récoltait toutes sortes d'herbes inutiles. Mais les prairies étaient superbes, plantées de touffes pressées et gaillardes qui donnaient du foin, du regain et de l'arrière regain, sans compter cinq mois de pâture ; prés humides, cela va de soi, prés qui tournaient entre des coteaux boisés et que traversait un ruisseau à peine gros comme le poing dans le temps chaud qui s'étendait en nappe et formait comme un lac après les pluies d'automne. Là vivaient en liberté, depuis la fin de juin jusqu'au milieu de novembre, les six juments qui faisaient l'orgueil et la richesse de la Grénetière. Il était impossible d'en voir de plus belles dans le pays des Côtes, où cependant la race des chevaux est renommée. Un homme de haute taille n'arrivait pas à la hauteur de leur garrot. Leur trot valait le galop de plusieurs autres. Pour le pelage, bien qu'il fût quelque peu varié, il se rapprochait de la teinte de l'ardoise, et il y avait même une pouliche de trois ans, la préférée de Jean-Marie Bénic, dont la robe était vraiment bleue, avec une étoile au milieu du front.

René Bazin (1853-1932),
La jument bleue,
Contes de Bonne Perrette (1897)

Les allures de mon cheval

Les allures de mon cheval
Aucun bon peintre ne les peint
Mais moi je les observe
Quand l'eau les reflète
Dans les flaques de boue des sentiers.

Fandango de Huelva

« Mon plus beau cheval »

Viens, je te donnerai mon plus beau cheval,
Il est blanc comme la neige, doux comme un enfant,
Tu le pousseras, tu verras, au choc de ses sabots,
L'eau des marais rejaillir comme une flamme.

Joseph d'Arbaud, (1874-1950),
La Gardianne, extrait,
Les Chants palustres
(écrits en 1901, publiés en 1951)

Le cheval

Je l'avais saisi par la bride ;
Je tirais, les poings dans les nœuds,
Ayant dans les sourcils la ride
De cet effort vertigineux.

C'était le grand cheval de gloire,
Né de la mer comme Astarté,
À qui l'aurore donne à boire
Dans les urnes de la clarté.

L'alérion aux bonds sublimes,
Qui se cabre, immense, indompté,
Plein du hennissement des cimes,
Dans la bleue immortalité.

Pensif, j'entraînais loin des crimes,
Des dieux, des rois, de la douleur,
Ce sombre cheval des abîmes
Vers le pré de l'idylle en fleur.

Je le tirais vers la prairie
Où l'aube, qui vient s'y poser,
Fait naître l'églogue attendrie
Entre le rire et le baiser.

C'est là que croît, dans la ravine
Où fuit Plaute, où Racan se plaît,
L'épigramme, cette aubépine,
Et ce trèfle, le triolet.

C'est là que l'abbé Chaulieu prêche,
Et que verdit sous les buissons
Toute cette herbe tendre et fraîche
Où Segrais cueille ses chansons.

Le cheval luttait ; ses prunelles,
Comme le glaive et l'atagan,
Brillaient ; il secouait ses ailes
Avec des souffles d'ouragan.

Il voulait retourner au gouffre ;
Il reculait, prodigieux,
Ayant dans ses naseaux le soufre
Et l'âme du monde en ses yeux.

Il hennissait vers l'invisible ;
Il appelait l'ombre au secours ;
À ses appels le ciel terrible
Remuait des tonnerres sourds.

Les bacchantes heurtaient leurs sistres,
Les sphinx ouvraient leurs yeux profonds ;
On voyait, à leurs doigts sinistres,
S'allonger l'ongle des griffons.

Les constellations en flamme
Frissonnaient à son cri vivant
Comme dans la main d'une femme
Une lampe se courbe au vent.

Chaque fois que son aile sombre
Battait le vaste azur terni,
Tous les groupes d'astres de l'ombre
S'effarouchaient dans l'infini.

Moi, sans quitter la plate-longe,
Sans le lâcher, je lui montrais
Le pré charmant, couleur de songe,
Où le vers rit sous l'antre frais.

Je lui montrais le champ, l'ombrage,
Les gazons par juin attiédis ;
Je lui montrais le pâturage
Que nous appelons paradis.

– Que fais-tu là ? me dit Virgile.
Et je répondis, tout couvert
De l'écume du monstre agile :
– Maître, je mets Pégase au vert.

Victor Hugo (1802-1885),
Les chansons des rues et des bois (1865)

… L'alérion aux bonds sublimes,
Qui se cabre, immense, indompté,
Plein du hennissement des cimes,
Dans la bleue immortalité…

Les libres chevaux de l'Amérique

Voyez ces chevaux qui se sont multipliés dans les contrées de l'Amérique espagnole, et qui vivent en chevaux libres : leur démarche, leur course, leurs sauts ne sont ni gênés, ni mesurés ; fiers de leur indépendance, ils fuient la présence de l'homme, ils dédaignent ses soins, ils cherchent et trouvent eux-mêmes la nourriture qui leur convient : ils errent, ils bondissent en liberté, dans des prairies immenses, où ils cueillent les productions nouvelles d'un printemps toujours nouveau ; sans habitation fixe, sans autre abri que celui d'un ciel serein, ils respirent un air plus pur que celui de ces palais voûtés où nous les renfermons, en pressant les espaces qu'ils doivent occuper ; aussi ces chevaux sauvages sont-ils beaucoup plus forts, plus légers, plus nerveux que la plupart des chevaux domestiques, ils ont ce que donne la nature, la force et la noblesse les autres n'ont que ce que l'art peut donner, l'adresse et l'agrément.

Buffon (1707-1788),
Histoire Naturelle (1749-1789)

De l'excellence du cheval normand

Il est peu de provinces d'Allemagne qui fournissent des chevaux comparables en beauté et en bonté à la Normandie ; les chevaux de ces pays-là résistent plus à la fatigue qu'aucun et durent par conséquent bien davantage que les allemands.

Chevalier de Chabo, *Mémoires sur la cavalerie, « du cheval »*,
Papiers Chabot, Service historique de l'armée de terre,
in Le cheval et la guerre, Association pour l'académie d'art équestre de Versailles, 2002

« Ô cheval superbe et divin »

Ô cheval superbe et divin, de quelque côté qu'on tourne les yeux, on aperçoit aussitôt ta silhouette élégante et majestueuse. Tu es partout, mon beau vaniteux ! Dans la Mythologie, tu piaffes parmi les splendeurs et les apothéoses. Tu as pour cochers le Soleil, la Nuit; et tu roules les Déesses nonchalamment étendues dans la gloire de leurs conques aériennes. Pas un chemin sauvage et perdu de la légende où ne retentisse ton hennissement. Pas un sentier battu de l'histoire où ton sabot n'ait laissé son empreinte et fait jaillir une étincelle. Pas un événement joyeux de la vie romanesque où tu ne joues ton rôle. Tu vas des batailles où l'on se tue, aux escapades où l'on s'aime. Tu es le fidèle ami des présomptueux cavaliers, le complice hardi de don Juan. Tu sais marcher sans bruit sous les balcons, au clair de lune, et tu frémis quand tu sens ployer en travers de ta selle le corps des belles filles à moitié pâmées.

... Je t'ai vu en bronze, au fronton des arcs de triomphe, et sur le métal des médailles...

Bien loin des vertes prairies

Oh ! qui que tu sois, Rossinante ou Bucéphale, cheval glorieux ou dada ignoré, anglais souple et plein de feu que Byron mena tant de fois sur le sable du Lido, ou gros percheron emportant la royauté dans une berline et la faisant verser à Varennes, qui que tu sois, héros de l'histoire, personnage de la fable, enfant de la légende, je t'aime ! Je t'ai vu en marbre dans les frises du Parthénon, je t'ai vu en pierre, je t'ai vu en bronze, au fronton des arcs de triomphe, et sur le métal des médailles ; on a ceint ton front de laurier, tu as été consul, tu as eu des prêtres et des autels ! Dieu t'a créé, M. de Buffon t'a découvert, Lamartine et les poètes de Jéricho t'ont chanté, Van der Meulen, Rubens, Géricault, Carie Vernet, Fromentin, Meissonnier ont fixé sur la toile ta radieuse image, les Coysevox et les Coustou t'ont fait jaillir du plus pur Carrare, tu n'as rien à envier ! tu es le vrai roi des animaux, tu mérites qu'on t'honore, et si tu n'as pas d'Invalides ici-bas, on te reverra du moins – un Jour – dans de plus sereines régions où tu auras comme Pégase, de grandes ailes...

Où joyeux, tu galoperas
Sur des bruyères immortelles !

Henri Lavedan (1859-1940), *Symphonie du cheval,*
préface à l'ouvrage de Louis Vallet (1856-1940)
Le chic à cheval, histoire pittoresque de l'équitation (1891)

… sur les vastes plages
de sable fauve, près de la mer
couleur de saphir…

De l'incomparable bonheur de découvrir le monde à cheval

Être à cheval, c'est prendre contact avec la vie, avec une énergie sensible et délicate qui répond à nos moindres mouvements, que nous dirigeons, à condition de la comprendre. Nous nous rendons compte que nos moindres mouvements doivent être subordonnés pour être efficaces. N'est-ce pas le principe même de la grande éducation ?
Et puis quel moyen de communication avec la nature !
Voici qu'en vous écrivant, d'innombrables souvenirs se lèvent dans ma pensée. Les images d'anciennes promenades à cheval me reviennent par centaines : en Orient, sur les vastes plages de sable fauve, près de la mer couleur de saphir et parmi les chemins creux bordés de cactus qui environnent Beyrouth, en Amérique et dans les forêts de magnolias et de térébinthes de la Géorgie, traversées de larges rivières rouges, à Tanger, et sur cette route sauvage qui, de promontoire en promontoire, gagne le cap Spartel et son phare dressé sur les gouffres mouvants de l'Atlantique, - plus près de nous, en Provence et sous les pins maritimes qui font ressembler les bords de la rade d'Hyères à la Pineta de Ravenne. D'avoir parcouru ainsi ces coins bénis du monde me les a rendus si présents, si familiers. Cela seul fait du cheval un instrument de locomotion bien supérieur à l'automobile. Traverser une contrée à cheval, c'est entrer dans son intimité, c'est en connaître, en étudier tout le détail, tout le relief, les montées et les descentes de ses chemins, les qualités de son sol, celles de son atmosphère. C'est prendre garde aux formes des arbres, à celles des rochers. Aller en automobile, c'est passer, c'est courir d'une course éperdue au milieu de visions cinématographiques aussitôt effacées qu'apparues. Qu'en reste-t-il ? Une impression de vitesse qui a sa griserie et surtout sa commodité, mais pas un tableau fixé, pas une vision précise et minutieuse autour de laquelle nous puissions revenir et nous attarder longtemps pour en nourrir notre rêve.
Des livres comme le vôtre, cher Monsieur, prouvent que nous ne sommes pas encore devenus un peuple de chauffeurs et que la tradition, du noble art équestre n'est pas près de s'éteindre chez nous. Il faut s'en réjouir pour nos arrière-neveux, et souhaiter que l'envahissement de la mécanique ne les amène pas à préférer les randonnées vertigineuses et leurs secousses névropathiques à la sensation saine, heureuse, humaine d'une bête de race allante et dressée qui vous emporte sous-bois, à un joli galop de chasse rapide, mais réglé, mais mesuré, par une belle matinée fraîche de printemps ou d'automne.

Paul Bourget,
extrait de la préface au livre d'Ernest Molier (1848-1933),
L'équitation et le cheval (1911)

« Le cheval a une robe »

Le tigre a un pelage, le cheval a une robe. On peut indifféremment dire en parlant de la tête figure ou face, encore que le premier soit bien littéraire et le second plutôt réservé à des particularités relevant de l'hippologie. Mais en aucun cas, il ne saurait être question de museau.

Jean Razac (1912-1940),
À cheval, renouveau d'un art éternel (1938)

La fonte des neiges venue
Le village libère
Les poneys

Masaoka Shiki (1867-1902)

Le lever

Assez dormir, ma belle !
Ta cavale isabelle
Hennit sous tes balcons.
Vois tes piqueurs alertes,
Et sur leurs manches vertes
Les pieds noirs des faucons.

Vois écuyers et pages,
En galants équipages,
Sans rochet ni pourpoint,
Têtes chaperonnées,
Traîner les haquenées,
Leur arbalète au poing.

Vois bondir dans les herbes
Les lévriers superbes,
Les chiens trapus crier.
En chasse, et chasse heureuse !
Allons, mon amoureuse,
Le pied dans l'étrier !

Et d'abord, sous la moire,
Avec ce bras d'ivoire
Enfermons ce beau sein,
Dont la forme divine,
Pour que l'œil la devine,
Reste aux plis du coussin.

Oh ! sur ton front qui penche,
J'aime à voir ta main blanche
Peigner tes cheveux noirs ;
Beaux cheveux qu'on rassemble
Les matins, et qu'ensemble
Nous défaisons les soirs !

Allons, mon intrépide,
Ta cavale rapide
Frappe du pied le sol,
Et ton bouffon balance,
Comme un soldat sa lance,
Son joyeux parasol !

Mets ton écharpe blonde
Sur ton épaule ronde,
Sur ton corsage d'or,
Et je vais, ma charmante,
T'emporter dans ta mante,
Comme un enfant qui dort !

Alfred de Musset (1810-1857),
Premières poésies (1832)

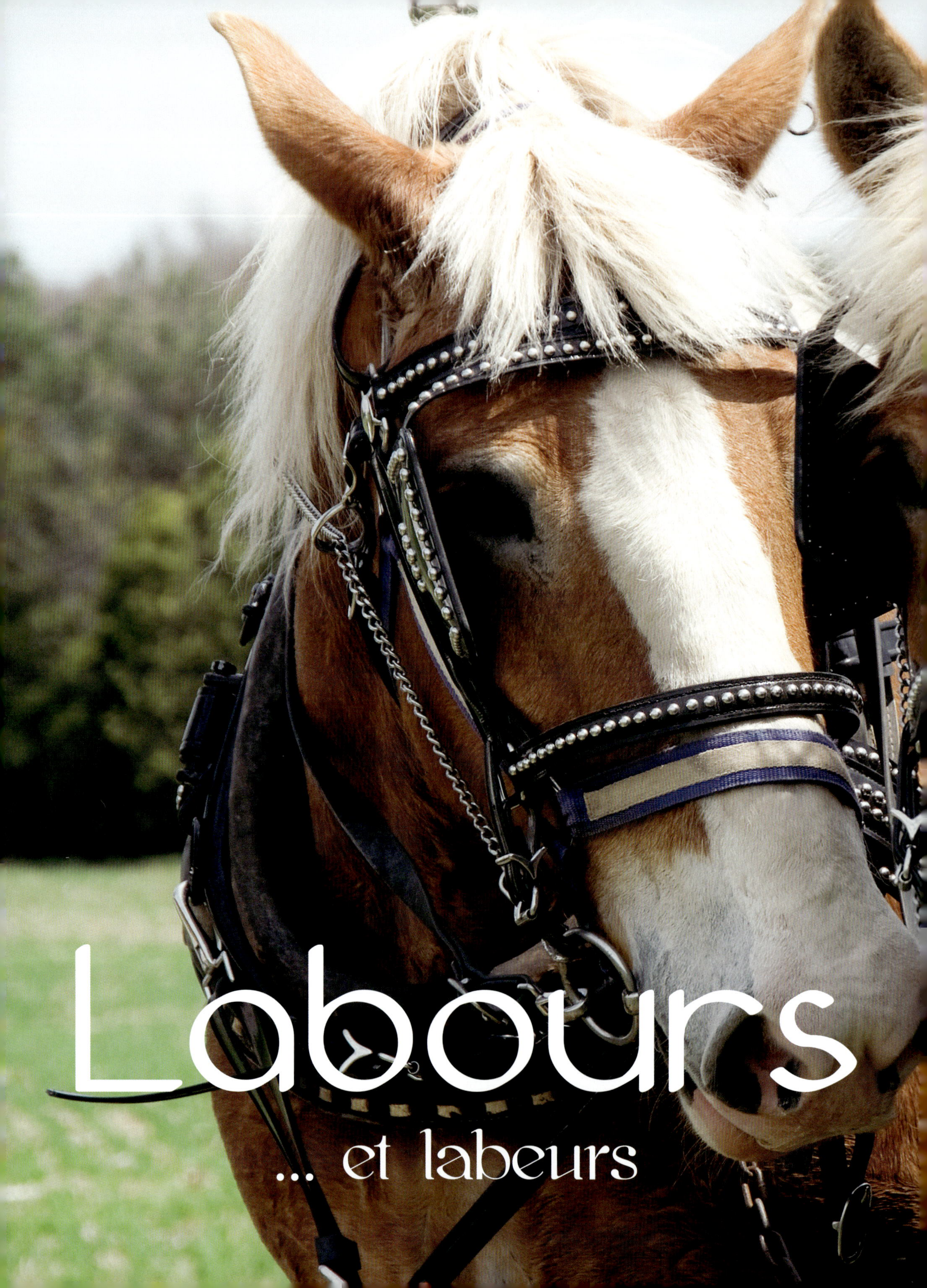

Labours

... et labeurs

Dès l'époque des civilisations et des coutumes de vie organisée, le cheval fut à la base de toutes les entreprises humaines. On peut estimer que, jusqu'au milieu du XIXe siècle, il y avait un cheval pour cinq ou six personnes.

A. de Monbrison

Le petit cheval dans le mauvais temps,
Qu'il avait donc du courage !
C'était un petit cheval blanc,
Tous derrière et lui devant.

Paul Fort

La première qualité que doit avoir un cheval de cavalerie, c'est la taille : elle est fixée en France de quatre pieds et à quatre pouces (...). Ce cheval destiné à porter de lourds fardeaux doit avoir la jambe large, le nerf gros (...), le corps doit être épais, la croupe arrondie, la côte large et ronde, le ventre point pendant.

Chevalier de Chabo

Bête de somme et de supplice,
Voici l'antique cheval blanc
Qui se cahote, à pas très lents,
Vers la porte du vieil hospice.

Émile Verhaeren

Le véritable cavalier est celui qui met en pratique la recommandation « demander souvent, se contenter de peu, récompenser beaucoup » (cap. Beudant).

Nuno Oliveira

Le cheval blanc de la roulotte,
La peau pendue à ses vieux os,
La tête basse et les yeux clos,
Au vent de décembre grelotte.

Jean Lebrau

Si les écuyers
dressent les chevaux,
ce sont les chevaux
qui dressent
les cavaliers.

Paul Morand

Si le cavalier
ne vient pas
à bout du cheval,
il accuse
la selle.

Dicton

Quand la jument est sortie,
il n'est plus temps de fermer l'étable.

Dicton

Et, brusquement, Zéphir, atteint
d'une balle en plein poitrail,
s'abattit, écrasant sous lui
la hanche droite de Prosper
dont la douleur fut si vive
qu'il perdit connaissance.

Émile Zola

La Grise, belle jument

La Grise était jeune, belle et vigoureuse. Elle portait sans effort son double fardeau, couchant les oreilles et rongeant son frein, comme une fière et ardente jument qu'elle était.

En passant devant le pré-long elle aperçut sa mère, qui s'appelait la vieille Grise, comme elle la jeune Grise, et elle hennit en signe d'adieu. La vieille Grise s'approcha de la haie en faisant résonner ses enferges, essaya de galoper sur la marge du pré pour suivre sa fille ; puis, la voyant prendre le grand trot, elle hennit à son tour, et resta pensive, inquiète, le nez au vent, la bouche pleine d'herbes qu'elle ne songeait plus à manger.

– Cette pauvre bête connaît toujours sa progéniture, dit Germain pour distraire la petite Marie de son chagrin.

George Sand (1804-1876),
La mare au diable (1846)

Les pêcheurs à cheval

Vagues d'argent et beau ciel clair
Le flot sur les grèves se vide.
Les cinq pêcheurs équestres de Coxyde
Pêchent nonchalamment,
sur le bord de la mer.

Dans les lueurs et dans les moires
Des vagues pâles, passent,
Allant, venant,
Leurs silhouettes noires
Les chevaux vieux, les chevaux las,
Parfois lèvent la tête, et regardent là-bas,
L'espace…

Les mailles traînent
Lentes et pesantes ; dans le remous,
Les bêtes vont, les rênes
Tombantes sur le cou,
Et monotones ;
Le corps houleux, au rythme de leur dos,
Leur cavalier les yeux mi-clos,
Siffle ou chantonne.

Une heure passe, une heure ou deux ;
On est heureux ou malchanceux ;
Le poisson vient ou bien se cache ;
On travaille par les temps chauds,
par les temps froids,
Toujours, et néanmoins, on retourne chez soi,
– Oh ! que de fois ! –
Les paniers creux, sonnants et lâches.

Ainsi peinent les pêcheurs vieux,
Contents de rien, contents de peu,
Usant dans le malheur ou dans la chance,
Dans la contrainte et dans l'effort,
Les sabots de l'existence
Qui se brisent un jour et réveillent la mort ;

Pourtant, tels soirs d'été, quand, aux heures de lune
Sur leurs chevaux pesants, ils remontent les dunes
Et apparaissent, au loin, sur les crêtes, à contre-ciel,
Chargés de filets et de toiles,
On croirait voir de grands insectes irréels
Qui reviennent de l'infini
Après besogne faite et butin pris,
Dans les étoiles.

Emile Verhaeren (1855-1916),
Toute la Flandre (1904)

Le cheval

Le cheval, écrasé sous le pesant brancard,
À chaque pas faisant un douloureux écart,
Tend son col où l'on voit saigner la meurtrissure
Sous l'angle du collier de bois.

La route est dure
Et montante ; la charge est lourde ; il faut pourtant
Avancer ; il s'épuise en efforts, haletant,
Les membres ramassés, tordus, la tête basse,
Il tire ; et l'on entend de cette informe masse
Qui n'a presque plus rien du vaillant animal
Sortir un souffle creux et qui fait mal.

Et l'homme est là, jurant et frappant sur la bâte,
À coups de pieds, à coups de bâton, à la tête,
Au ventre, et, de la main secouant rudement
Les rênes, fait jaillir sous le mors écumant
Un flot de sang.

La côte est franchie, on s'arrête ;
L'homme s'assied au bord de la route, et la bête
Reste debout, tremblante, essouflée, et cherchant
À saisir, par-dessus le fossé, dans le champ,
Une motte où verdit encor quelque brin d'herbe,
Où quelques épis secs échappés à la gerbe ;
Puis regarde s'il vient encore des coups,

Enfin,
Quand l'homme est prêt, il faut reprendre le chemin,
Et peiner toujours tant que dure la journée
Et c'est ainsi d'un bout à l'autre de l'année.

Le soir, quand au cheval on ôte son collier,
Il se laisse attacher, rêveur, au râtelier ;
Lui qui pourrait d'un coup de sabot briser l'homme !
Et le beau rôle reste à la bête de somme.

Napoléon Legendre (1841-1907),
Mélanges, prose et vers, *Les souffrants*, Québec, 1891

144. — Cheval de trait. (*Étude des proportions.*)

Les premiers carrosses parisiens à cinq sols

L'établissement commença samedi à sept heures du matin, mais avec un éclat et une pompe merveilleuse. On distribua les sept carrosses dont on a fourni cette première route. On en envoya trois à la porte Saint-Antoine et quatre devant Luxembourg, où se trouvèrent en même temps deux commissaires du Châtelet en robe, quatre gardes de Monsieur le grand prévôt, dix ou douze archers de la ville et autant d'hommes à cheval. Quand toutes les choses furent en état, Messieurs les commissaires proclamèrent l'établissement et, en ayant remontré les utilités, ils exhortèrent les bourgeois de tenir main forte et déclarèrent à tout le petit peuple que si on faisait la moindre insulte, la punition serait rigoureuse et dirent tout, cela de la part du roi. Ensuite ils délivrèrent aux cochers chacun leurs casaques (qui sont bleues des couleurs du roi et de la ville, avec les armes du roi et de la ville en broderie sur l'estomac), puis ils commandèrent la marche. Alors il partit un carrosse avec un garde de Monsieur le grand prévôt dedans ; un demi-quart d'heure après on en fit partir un autre, et puis les deux autres dans des distances pareilles, ayant chacun un garde qui y demeurèrent tout ce jour-là. En même temps les archers de la ville et les gens de cheval se répandirent dans toute la route. Du côté de la porte Saint-Antoine, on pratiqua les mêmes cérémonies à même heure pour les trois carrosses qui s'y étaient rendus, et on observa les mêmes choses qu'à l'autre côté pour les gardes, pour les archers et pour les gens de cheval. Enfin, la chose a été si bien conduite qu'il n'est pas arrivé le moindre désordre, et ces carrosses-là marchent aussi paisiblement que les autres. Cependant, la chose a réussi si heureusement que, dès la première matinée, il y eut quantité de carrosses pleins et il y alla même plusieurs femmes ; mais l'après-dînée ce fut une si grande foule qu'on ne pouvait en approcher, et les autres jours ont été pareils, de sorte qu'on voit par expérience que le plus grand inconvénient, c'est qu'on voit le monde dans les rues qui attend un carrosse pour se mettre dedans, mais quand il arrive il se trouve plein. Cela est fâcheux, mais on se console car on sait qu'il en viendra un autre dans un demi-quart d'heure. Cependant, quand cet autre arrive, il se trouve qu'il est encore plein ; et ainsi, quand cela est arrivé plusieurs fois, on est contraint de s'en aller à pied. Et afin que vous ne croyez pas que je dis cela par hyperbole, c'est que cela m'est arrivé à moi-même.

Lettre de Madame Périer (1620-1687) (sœur de Blaise Pascal) à M. de Pompone, à Verdun, en date du 21 mars 1662

Cheval de renfort

Le cheval qu'a jadis réformé la remonte
Est là, près du trottoir du long faubourg qui monte,
Pour qu'on l'attelle en flèche au prochain omnibus.
Il a cet air navré des animaux fourbus,
Sous son sale harnais qui traîne par derrière.
Mais lorsque, précédés d'une marche guerrière,
Des soldats font venir les femmes aux balcons,
Il se souvient alors du sixième dragons
Et du soleil luisant sur les lattes vermeilles ;
Et le vieux vétéran redresse les oreilles.

François Coppée (1842-1908),
Le Cahier Rouge (1892)

Le cheval de fiacre

À Alfred Grévin

Le jour, la nuit, partout, glissant sur le verglas,
Suant sous le soleil, ruisselant dans l'averse,
Tendant avec effort son nez que le vent gerce,
Trottant sa vie, il souffle, éternellement las.

Sa crinière aux poils durs qui tombe en rideaux plats
Tape son long cou sec que la fatigue berce ;
Sa peau, sous le harnais battant, s'use et se perce ;
Son mors tinte, et le suit comme son propre glas.

Ouvrant ses grands yeux ronds, doux comme sa pensée,
Il court, en ruminant dans sa tête baissée
L'oubli de la douleur et le pardon du mal.

Et la foule, devant ce héros qu'on assomme,
Passe sans regarder le sublime animal
Dont nous ferions un saint si Dieu l'avait fait homme !

Edmond Haraucourt (1856-1941),
L'âme nue (1885)

Le cheval est mort, vive le cheval !

Nous avions besoin d'un cheval dans le bagne pour transporter l'eau, pour emmener les ordures, etc. Un forçat devait s'en occuper, et le conduisait, – sous escorte, bien entendu. Notre cheval avait passablement à faire matin et soir ; c'était une bonne bête, mais déjà usée, car il servait depuis longtemps. Un beau matin, la veille de la Saint-Pierre, Gniédko (cheval Bai), qui amenait un tonneau d'eau, s'abattit et creva au bout de quelques instants. On le regretta fort ; aussi tous les forçats se rassemblèrent autour de lui pour discuter et commenter sa mort. Ceux qui avaient servi dans la cavalerie, les Tsiganes, les vétérinaires et autres prouvèrent une connaissance approfondie des chevaux en général, et se querellèrent à ce sujet ; tout cela ne ressuscita pas notre cheval bai, qui était étendu mort, le ventre boursouflé ; chacun croyait de son devoir de le tâter du doigt ; on informa enfin le major de l'accident arrivé par la volonté de Dieu ; il décida d'en faire acheter immédiatement un autre.

Fédor Dostoïewski (1821-1881),
Souvenirs de la maison des morts (1860),
traduction de Charles Neyroud, 1886

Chevaux sans liberté

C'est par la perte de sa liberté que commence son éducation, et c'est par la contrainte qu'elle s'achève : l'esclavage ou la domesticité de ces animaux est même si universelle, si ancienne, que nous ne les voyons que rarement dans leur état naturel, ils sont toujours couverts de harnois dans leurs travaux, on ne les délivre jamais de tous leurs liens, même dans les temps du repos, et si on les laisse quelquefois errer en liberté dans les pâturages, ils y portent toujours les marques de la servitude, et souvent les empreintes cruelles du travail et de la douleur ; la bouche est déformée par les plis que le mors a produits, les flancs sont entamés par des plaies, ou sillonnés de cicatrices faites par l'éperon ; la corne des pieds est traversée par des clous, l'attitude du corps est encore gênée par l'impression subsistante des entraves habituelles, on les en délivrerait en vain, ils n'en seraient pas plus libres ; ceux même dont l'esclavage est le plus doux, qu'on ne nourrit, qu'on n'entretient que pour le luxe et la magnificence, et dont les chaînes dorées servent moins à leur parure qu'à la vanité de leur maître, sont encore plus déshonorés par l'élégance de leur toupet, par les tresses de leurs crins, par l'or et la soie dont on les couvre, que par les fers qui sont sous leurs pieds.

Buffon (1707-1788),
Histoire naturelle, 1749-1789

Bataille accueille Trompette à la mine

Il y eut un arrêt pour la manœuvre des cages, et la jeune fille s'approcha de leur cheval, le caressa de la main, en parlant de lui à son compagnon. C'était Bataille, le doyen de la mine, un cheval blanc qui avait dix ans de fond. Depuis dix ans, il vivait dans ce trou, occupant le même coin de l'écurie, faisant la même tâche le long des galeries noires, sans avoir jamais revu le jour. Très gras, le poil luisant, l'air bonhomme, il semblait y couler une existence de sage, à l'abri des malheurs de là-haut. Du reste, dans les ténèbres, il était devenu d'une grande malignité. La voie où il travaillait avait fini par lui être si familière, qu'il poussait de la tête les portes d'aérage, et qu'il se baissait, afin de ne pas se cogner, aux endroits trop bas. Sans doute aussi il comptait ses tours, car lorsqu'il avait fait le nombre réglementaire de voyages, il refusait d'en recommencer un autre, on devait le reconduire à sa mangeoire. Maintenant, l'âge venait, ses yeux de chat se voilaient parfois d'une mélancolie. Peut-être revoyait-il vaguement, au fond de ses rêvasseries obscures, le moulin où il était né, près de Marchiennes, un moulin planté sur le bord de la Scarpe, entouré de larges verdures, toujours éventé par le vent. Quelque chose brûlait en l'air, une lampe énorme, dont le souvenir exact échappait à sa mémoire de bête. Et il restait la tête basse, tremblant sur ses vieux pieds, faisant d'inutiles efforts pour se rappeler le soleil.
Cependant, les manœuvres continuaient dans le puits, le marteau des signaux avait tapé quatre coups, on descendait le cheval ; et c'était toujours une émotion, car il arrivait parfois que la bête, saisie d'une telle épouvante, débarquait morte. En haut, lié dans un filet, il se débattait éperdument ; puis, dès qu'il sentait le sol manquer sous lui, il restait comme pétrifié, il disparaissait sans un frémissement de la peau, l'œil agrandi et fixe. Celui-ci étant trop gros pour passer entre les guides, on avait dû, en l'accrochant au-dessous de la cage, lui rabattre et lui attacher la tête

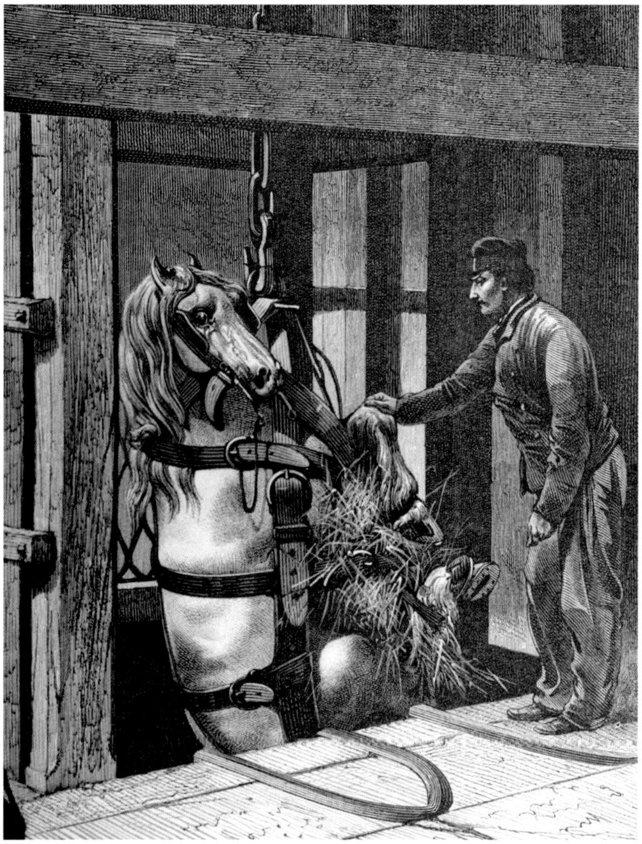

sur le flanc. La descente dura près de trois minutes, on ralentissait la machine par précaution. Aussi, en bas, l'émotion grandissait-elle. Quoi donc ? Est-ce qu'on allait le laisser en route, pendu dans le noir ? Enfin, il parut, avec son immobilité de pierre, son œil fixe, dilaté de terreur. C'était un cheval bai, de trois ans à peine, nommé Trompette.

– Attention ! criait le père Mouque, chargé de le recevoir. Amenez-le, ne le détachez pas encore. Bientôt, Trompette fut couché sur les dalles de fonte, comme une masse. Il ne bougeait toujours pas, il semblait dans le cauchemar de ce trou obscur, infini, de cette salle profonde, retentissante de vacarme. On commençait à le délier, lorsque Bataille, dételé depuis un instant, s'approcha, allongea le cou pour flairer ce compagnon, qui tombait ainsi de la terre. Les ouvriers élargirent le cercle en plaisantant. Eh bien ! quelle bonne odeur lui trouvait-il ? Mais Bataille s'animait, sourd aux moqueries. Il lui trouvait sans doute la bonne odeur du grand air, l'odeur oubliée du soleil dans les herbes. Et il éclata tout à coup d'un hennissement sonore, d'une musique d'allégresse, où il semblait y avoir l'attendrissement d'un sanglot. C'était la bienvenue, la joie de ces choses anciennes dont une bouffée lui arrivait, la mélancolie de ce prisonnier de plus qui ne remonterait que mort.

– Ah ! cet animal de Bataille ! criaient les ouvriers égayés par ces farces de leur favori. Le voilà qui cause avec le camarade.

Trompette, délié, ne bougeait toujours pas. Il demeurait sur le flanc, comme s'il eût continué à sentir le filet l'étreindre, garrotté par la peur. Enfin, on le mit debout d'un coup de fouet, étourdi, les membres secoués d'un grand frisson.

Et le père Mouque emmena les deux bêtes qui fraternisaient.

Émile Zola (1840-1902),
Germinal (1885)

Prosper et Zéphir à la guerre

Les trompettes avaient sonné « Pied à terre ! » et le commandement des officiers retentit :

– Sanglez les chevaux, assurez les paquetages !

Descendu de cheval, Prosper s'étira, flatta Zéphir de la main. Ce pauvre Zéphir, il était aussi abruti que son maître, éreinté du bête de métier qu'on lui faisait faire. Avec ça, il portait un monde : le linge dans les fontes et le manteau roulé par-dessus, la blouse, le pantalon, le bissac avec les objets de pansage, derrière la selle, et en travers encore le sac des vivres, sans compter la peau de bouc, le bidon, la gamelle. Une pitié tendre noyait le cœur du cavalier, tandis qu'il serrait les sangles et qu'il s'assurait que tout cela tenait bien.

Ce fut un rude moment. Prosper, qui n'était pas plus poltron qu'un autre, alluma une cigarette, tant il avait la bouche sèche. Quand on va charger, chacun peut se dire : « Cette fois, j'y reste ! » cela dura bien cinq ou six minutes, on racontait que le général Margueritte était allé en avant, pour reconnaître le terrain. On attendait. Les cinq régiments s'étaient formés en trois colonnes, chaque colonne avait sept escadrons de profondeur, de quoi donner à manger aux canons.

Tout d'un coup, les trompettes sonnèrent : À cheval ! Et, presque aussitôt, une autre sonnerie éclata : Sabre à la main !

Le colonel de chaque régiment avait déjà galopé, prenant sa place de bataille, à vingt-cinq mètres en avant du front. Les capitaines étaient à leur poste, en tête de leurs hommes. Et l'attente recommença, dans un silence de mort. Plus un bruit, plus un souffle sous l'ardent soleil. Les cœurs seuls battaient. Un ordre encore, le dernier, et cette masse immobile allait s'ébranler, se ruer d'un train de tempête.

Mais, à ce moment, sur la crête du coteau, un officier parut, à cheval, blessé, et que deux hommes soutenaient. On ne le reconnut pas d'abord. Puis, un grondement s'éleva, roula en une clameur furieuse. C'était le général Margueritte, dont une balle venait de traverser les joues, et qui devait en mourir. Il ne pouvait parler, il agita le bras, là-bas, vers l'ennemi.

La clameur grandissait toujours.

– Notre général… Vengeons-le, vengeons-le !

Alors, le colonel du premier régiment, levant en l'air son sabre, cria d'une voix de tonnerre :

– Chargez !

Les trompettes sonnaient, la masse s'ébranla, d'abord au trot. Prosper se trouvait au premier rang, mais presque à l'extrémité de l'aile droite. Le grand danger est au centre, où le tir de l'ennemi s'acharne d'instinct. Lorsqu'on fut sur la crête du calvaire et que l'on commença à descendre de l'autre côté, vers la vaste plaine, il aperçut très nettement, à un millier de mètres, les carrés prussiens sur lesquels on les jetait. D'ailleurs, il trottait comme dans un rêve, il avait une légèreté, un flottement d'être endormi, un vide extraordinaire de cervelle, qui le laissait sans une idée. C'était la machine qui allait, sous une impulsion irrésistible. On répétait : « Sentez la botte ! sentez la botte ! » pour serrer les rangs le plus possible et leur donner une résistance de granit. Puis, à mesure que le trot s'accélérait, se changeait en galop enragé, les chasseurs d'Afrique poussaient, à la mode arabe, des cris sauvages, qui affolaient leurs montures. Bientôt, ce fut une course diabolique, un train d'enfer, ce furieux galop, ces hurlements féroces, que le crépitement des balles accompagnait d'un bruit de grêle, en tapant sur tout le métal, les gamelles, les bidons, le cuivre des uniformes et des harnais. Dans cette grêle, passait l'ouragan de vent et de foudre dont le sol tremblait, laissant au soleil une odeur de laine brûlée et de fauves en sueur.

Émile Zola (1840-1902),
Germinal (1885)

Chasseur à cheval.

1812.

Hector à cheval sur les Champs-Élysées

Comme il avait été décidé, on revint par les Champs-Élysées. La vaste avenue fourmillait de voitures. Et sur les côtés, les promeneurs étaient si nombreux qu'on eût dit deux longs rubans noirs se déroulant, depuis l'Arc de Triomphe jusqu'à la place de la Concorde. Une averse de soleil tombait sur tout ce monde, faisait étinceler le vernis des calèches, l'acier des harnais, les poignées des portières. Une folie de mouvement, une ivresse de vie semblait agiter cette foule de gens, d'équipages et de bêtes. Et l'Obélisque, là-bas, se dressait dans une buée d'or.

Le cheval d'Hector, dès qu'il eut dépassé l'Arc de Triomphe, fut saisi soudain d'une ardeur nouvelle, et il filait à travers les rues, au grand trot, vers l'écurie, malgré toutes les tentatives d'apaisement de son cavalier.

La voiture était loin maintenant, loin derrière ; et voilà qu'en face du Palais de l'industrie, l'animal se voyant du champ, tourna à droite et prit le galop. Une vieille femme en tablier traversait la chaussée d'un pas tranquille ; elle se trouvait juste sur le chemin d'Hector, qui arrivait à fond de train. Impuissant à maîtriser sa bête, il se mit à crier de toute sa force « Holà ! hé ! holà ! là-bas ! »

Elle était sourde peut-être, car elle continua paisiblement sa route jusqu'au moment où, heurtée par le poitrail du cheval lancé comme une locomotive, elle alla rouler dix pas plus loin, les jupes en l'air, après trois culbutes sur la tête.

Des voix criaient :

– Arrêtez-le !

Hector, éperdu, se cramponnait à la crinière en hurlant :

– Au secours !

Une secousse terrible le fit passer comme une balle par-dessus les oreilles de son coursier et tomber dans les bras d'un sergent de ville qui venait de se jeter à sa rencontre.

En une seconde, un groupe furieux, gesticulant, vociférant, se forma autour de lui. Un vieux monsieur, surtout, un vieux monsieur portant une grande décoration ronde et de grandes moustaches blanches, semblait exaspéré. Il répétait :

– Sacrebleu, quand on est maladroit comme ça, on reste chez soi ! On ne vient pas tuer les gens dans la rue quand on ne sait pas conduire un cheval.

Mais quatre hommes, portant la vieille, apparurent. Elle semblait morte, avec sa figure jaune et son bonnet de travers, tout gris de poussière.

Guy de Maupassant (1850-1893),
À cheval, 1883

Labeurs, côté chevaux et côté cavaliers

Feu le capitaine Hayes, comme il revenait d'Australie, me racontait les redoutables défenses des mustangs ; avec la vitesse de l'éclair, sitôt son cavalier sur le dos, le Buck Jumper jette sa tête entre ses jambes de devant : en même temps il vousse son rein, bondit en l'air les quatre pieds réunis et continue ainsi sans interruption, se portant à droite, à gauche, et parfois même en arrière jusqu'à ce qu'il ait délogé son cavalier ou amené la selle jusque sur l'encolure ; aussitôt, il relève la tête d'entre les jambes, la rejette brusquement en arrière et il n'y a pas de sangles qui résistent… La sensation la plus désagréable pour le cavalier, ajoutait le capitaine Hayes, n'est pas tant celle de la chute que d'éprouver subitement, devant la tête basse de son cheval, l'impression de surplomber un véritable précipice.
Les Australiens montent ces chevaux dans la perfection, mais il faut avouer qu'ils se servent pour cela de la selle coloniale ; un seul Anglais, parmi ceux qui ont habité l'Australie, Steve Margaret, peut monter en selle européenne le plus terrible buck jumper. Je ne compte pas parler de la façon dont les Australiens domptent leurs mustangs. Je pense en effet que vous ne désirez pas en amener un de but en blanc à la chasse. Si par hasard l'un de vos chevaux voulait ressembler de très loin à un buck jumper, j'espère que ses défenses seront assez raisonnables pour ne pas résister à une énergique mise en marche, soit en avant, soit si on le peut sur le cercle. Presque tous les chevaux qui font des défenses sous le poids du cavalier au montoir, agissent ainsi parce qu'ils sont trop sanglés. D'autres subissent une impression nerveuse et se contractent ; pour ceux-ci, il suffit souvent, avant de monter dessus, de les faire pivoter sur les hanches quelques tours. Il n'y a plus qu'à monter carrément dessus. Presque tous les chevaux des marchands sont, chez eux, sages au montoir parce qu'on les a fait trotter et retrotter en main, pour la montre : ils sont décontractés. Pour habituer un cheval à être, à proprement parler, sage au montoir, il suffit de ne pas le faire tenir par l'homme chargé de vous l'amener. Cet homme restera simplement devant le cheval sans le toucher. Abordez l'animal avec une poignée d'herbe, donnez-la-lui, flattez-le et montez sans hésitation dessus. Si vous êtes assez leste, sautez en voltige, sans mettre le pied à l'étrier.

Comte de Comminges,
L'équitation des gens pressés (1901)

Le cheval
de tous les dangers

Là où mon cheval passera l'herbe ne repoussera pas.

Attila

Le domptage du cheval,
de cet animal si vigoureux,
médiocrement intelligent,
mais doué d'une telle
mémoire, n'est pas
un problème de force.
C'est un problème
d'observation,
de réflexion et de patience.

Paul Bourget

Et, brusquement, Zéphir, atteint
d'une balle en plein poitrail, s'abattit,
écrasant sous lui la hanche droite
de Prosper dont la douleur fut si vive
qu'il perdit connaissance.

Émile Zola

Le piqueur sera encore
chargé de le conduire
à travers la foule,
et de le mêler à toutes
espèces de visions
et à toutes espèces
de bruits.
Et en ce qui concerne
tout ce dont le cheval
a peur, il faut lui montrer,
sans se fâcher,
mais en le calmant,
qu'il n'y a rien de terrible.

Xénophon

Le départ fut brusque et ma force d'inertie si bien surprise que je me trouvai allongé, le dos sur le dos de mon cheval, la tête rebondissant sur la croupe, les pieds accrochés à quelque relief de la selle, les mains crispées sur le tapis et le cœur saignant de honte.

Jacques Perret

Un cheval,
c'est malcommode au centre
et dangereux aux deux extrémités.

Winston Churchill

Le meilleur cheval de guerre est celui
qui sait souffrir le plus longtemps.

Général de Champvallier

Tu ne domineras pas
la frayeur de ta monture,
tant que tu n'auras pas
dominé la tienne.

Alessandro Alvisi

POUR LA VOLTIGE,
JE CONSIDÈRE
COMME DANGEREUX
LE CHEVAL QUI,
DANS UN MOMENT
DE SUREXCITATION
OU D'IMPATIENCE
EST SUSCEPTIBLE
DE RUER
OU D'ENVOYER
DES COUPS DE PIEDS.

Ernest Molier

C'est une illusion de croire
qu'on retiendra un cheval
en tirant sur les rênes.
Je suis tombé cent fois.
Jamais je n'aurai pu éviter
la chute à l'aide de la main ;
bien au contraire,
mes chutes, je les devais
généralement à l'intervention
de mes mains privant
mon cheval de son pouvoir
naturel de rétablissement.

Federico Caprili

Tragique course de chars

Le lendemain, jour marqué pour la course des chars, au lever du soleil, Oreste s'avança au milieu de nombreux concurrents. L'un était de l'Achaïe, un autre de Sparte, deux de Libye, habiles à conduire des chars ; Oreste, traîné par des coursiers de Thessalie, venait le cinquième ; le sixième était un Étolien avec de brillantes cavales ; le septième de Magnésie ; le huitième, d'Enie, avait des chevaux blancs ; le neuvième venait d'Athènes bâtie par les dieux ; un Béotien conduisait le dixième char. Lorsque les arbitres des jeux eurent tiré les sorts et assigné à chacun son rang, au signal d'une trompette d'airain tous s'élancent ; ils animent leurs coursiers et agitent les rênes ; la carrière retentit du bruit des chars roulants ; un nuage de poussière s'élève : les concurrents, confondus ensemble, n'épargnent point l'aiguillon pour devancer les roues de leurs adversaires et les chevaux frémissants ; ceux-ci, serrés les uns contre les autres, lançaient leur écume et leur haleine brûlante sur les chars et sur les conducteurs. Oreste touchait à la dernière borne, et la serrant de son essieu, il lâchait les rênes, à droite, au cheval qui était sous sa main, tandis qu'il retenait l'autre. Jusque-là tous les chars avaient couru sans accident fâcheux ; mais bientôt les chevaux fougueux du citoyen d'Enie s'emportent, et en achevant le sixième ou le septième tour, par un brusque mouvement en sens contraire, heurtent de front le char du Libyen. De là vint le désordre ; ils se renversent et se fracassent l'un sur l'autre ; la plaine de Crisa est couverte de débris. L'Athénien, en habile cocher, sut éviter le péril ; il se dégage, retient ses coursiers, et laisse les autres se débattre au milieu de la tempête. Oreste venait le dernier ; mais, avec ses chevaux en arrière, il mettait sa confiance dans la fin de la course. L'Athénien voyant qu'un seul adversaire lui reste, fait retentir son fouet à l'oreille de ses coursiers rapides et se met à sa poursuite ; déjà ils marchent de front ; tantôt l'un, tantôt l'autre devance son rival de la tête de ses chevaux : l'infortuné, debout sur son char intact, avait jusqu'alors parcouru heureusement la carrière ; mais en lâchant les rênes au cheval de gauche qui tournait, il heurte la borne ; l'essieu se rompt ; lui-même est renversé et s'embarrasse dans les rênes ; après sa chute, ses chevaux effrayés courent çà et là. L'assemblée jette un cri et déplore la funeste issue de tant de gloire, à la vue d'Oreste traîné dans la poussière, et soulevant ses pieds embarrassés, jusqu'à ce que les autres concurrents arrêtent avec peine la fougue de ses coursiers et dégagent son corps sanglant, défiguré et méconnaissable à l'œil même de ses amis. Bientôt on le place sur un bûcher ; et aujourd'hui des Phocéens, désignés pour cette mission, rapportent, dans une urne étroite, les cendres de ce héros, pour qu'il obtienne un tombeau sur la terre de sa patrie. Tels sont les faits que j'avais à te dire ; le récit en est douloureux, mais, pour ceux qui en furent témoins, ce spectacle est le plus triste que je vis jamais.

Sophocle (495-406 avant J.-C.),
Electre (vers 414 avant J.-C.),
traduction de M. Artaud (1847)

Les chevaux d'Hippolyte

À peine nous sortions des portes de Trézène,
Il était sur son char. Ses gardes affligés
Imitaient son silence, autour de lui rangés ;
Il suivait tout pensif le chemin de Mycènes ;
Sa main sur ses chevaux laissait flotter les rênes.
Ses superbes coursiers, qu'on voyait autrefois
Pleins d'une ardeur si noble obéir à sa voix,
L'œil morne maintenant et la tête baissée,
Semblaient se conformer à sa triste pensée.
Un effroyable cri, sorti du fond des flots,
Des airs en ce moment a troublé le repos ;
Et du sein de la terre une voix formidable
Répond en gémissant à ce cri redoutable.
Jusqu'au fond de nos cœurs notre sang s'est glacé ;
Des coursiers attentifs le crin s'est hérissé.
Cependant sur le dos de la plaine liquide
S'élève à gros bouillons une montagne humide ;
L'onde approche, se brise, et vomit à nos yeux,
Parmi des flots d'écume, un monstre furieux.
Son front large est armé de cornes menaçantes,
Tout son corps est couvert d'écailles jaunissantes,
Indomptable taureau, dragon impétueux,
Sa croupe se recourbe en replis tortueux.
Ses longs mugissements font trembler le rivage.
Le ciel avec horreur voit ce monstre sauvage,
La terre s'en émeut, l'air en est infecté,
Le flot qui l'apporta recule épouvanté.

Tout fuit, et sans s'armer d'un courage inutile,
Dans le temple voisin chacun cherche un asile.
Hippolyte lui seul, digne fils d'un héros,
Arrête ses coursiers, saisit ses javelots,
Pousse au monstre, et d'un dard lancé d'une main sûre,
Il lui fait dans le flanc une large blessure.
De rage et de douleur le monstre bondissant
Vient aux pieds des chevaux tomber en mugissant,
Se roule, et leur présente une gueule enflammée,
Qui les couvre de feu, de sang et de fumée.
La fureur les emporte, et sourds à cette fois,
Ils ne connaissent plus ni le frein ni la voix.
En efforts impuissants leur maître se consume,
Ils rougissent le mors d'une sanglante écume.
On dit qu'on a vu même, en ce désordre affreux,
Un dieu qui d'aiguillons pressait leur flanc poudreux.

À travers des rochers la peur les précipite.
L'essieu crie et se rompt. L'intrépide Hippolyte
Voit voler en éclats tout son char fracassé.
Dans les rênes lui-même il tombe embarrassé.
Excusez ma douleur. Cette image cruelle
Sera pour moi de pleurs une source éternelle.
J'ai vu, Seigneur, j'ai vu votre malheureux fils
Traîné par les chevaux que sa main a nourris.
Il veut les rappeler, et sa voix les effraie ;
Ils courent. Tout son corps n'est bientôt qu'une plaie.
De nos cris douloureux la plaine retentit.
Leur fougue impétueuse enfin se ralentit.
Ils s'arrêtent non loin de ces tombeaux antiques
Où des Rois nos aïeux sont les froides reliques.
J'y cours en soupirant, et sa garde me suit.
De son généreux sang la trace nous conduit.
Les rochers en sont teints ; les ronces dégouttantes
Portent de ses cheveux les dépouilles sanglantes.
J'arrive, je l'appelle, et me tendant la main,
Il ouvre un œil mourant qu'il referme soudain.

Jean Racine (139-1699),
Phèdre V, 6, 1676

Tournoi

Le premier qui s'avança était un seigneur très riche, nommé Itobad, fort vain, peu courageux, très maladroit, et sans esprit. Ses domestiques l'avaient persuadé qu'un homme comme lui devait être roi ; il leur avait répondu : « Un homme comme moi doit régner » ; ainsi on l'avait armé de pied en cap. Il portait une armure d'or émaillée de vert, un panache vert, une lance ornée de rubans verts. On s'aperçut d'abord, à la manière dont Itobad gouvernait son cheval, que ce n'était pas un homme comme lui à qui le Ciel réservait le sceptre de Babylone. Le premier chevalier qui courut contre lui le désarçonna ; le second le renversa sur la croupe de son cheval, les deux jambes en l'air et les bras étendus. Itobad se remit, mais de si mauvaise grâce que tout l'amphithéâtre se mit à rire. Un troisième ne daigna pas se servir de sa lance ; mais, en lui faisant une passe, il le prit par la jambe droite, et, lui faisant faire un demi-tour, il le fit tomber sur le sable : les écuyers des jeux accoururent à lui en riant, et le remirent en selle. Le quatrième combattant le prend par la jambe gauche, et le fait tomber de l'autre côté. On le conduisit avec des huées à sa loge, où il devait passer la nuit selon la loi ; et il disait en marchant à peine : « Quelle aventure pour un homme comme moi ! » Les autres chevaliers s'acquittèrent mieux de leur devoir. Il y en eut qui vainquirent deux combattants de suite ; quelques-uns allèrent jusqu'à trois. Il n'y eut que le prince Otame qui en vainquit quatre. Enfin Zadig combattit à son tour ; il désarçonna quatre cavaliers de suite avec toute la grâce possible. Il fallut donc voir qui serait vainqueur d'Otame ou de Zadig. Le premier portait des armes bleues et or, avec un panache de même ; celles de Zadig étaient blanches. Tous les vœux se partageaient entre le chevalier bleu et le chevalier blanc. La reine, à qui le cœur palpitait, faisait des prières au Ciel pour la couleur blanche. Les deux champions firent des passes et des voltes avec tant d'agilité, ils se donnèrent de si beaux coups de lance, ils étaient si fermes sur leurs arçons, que tout le monde, hors la reine, souhaitait qu'il y eût deux rois dans Babylone. Enfin, leurs chevaux étant lassés et leurs lances rompues, Zadig usa de cette adresse : il passe derrière le prince bleu, s'élance sur la croupe de son cheval, le prend par le milieu du corps, le jette à terre, se met en selle à sa place, et caracole autour d'Otame étendu sur la place. Tout l'amphithéâtre crie : « Victoire au chevalier blanc ! » Otame, indigné, se relève, tire son épée ; Zadig saute de cheval, le sabre à la main. Les voilà tous deux sur l'arène, livrant un nouveau combat où la force et l'agilité triomphent tour à tour. Les plumes de leur casque, les clous de leurs brassards, les mailles de leur armure sautent au loin sous mille coups précipités. Ils frappent de pointe et de taille, à droite, à gauche, sur la tête, sur la poitrine ; ils reculent, ils avancent, ils se mesurent, ils se rejoignent, ils se saisissent, ils se replient comme des serpents, ils s'attaquent comme des lions ; le feu jaillit à tout moment des coups qu'ils se portent. Enfin Zadig, ayant un moment repris ses esprits, s'arrête, fait une feinte, passe sur Otame, le fait tomber, le désarme, et Otame s'écrie : « O chevalier blanc ! c'est vous qui devez régner sur Babylone. »

Voltaire (1694-1778),
Zadig ou la destinée (1747)

La mort et le cheval

Qui veut connaître l'avenir et savoir si sa mort est proche n'a qu'à aller le soir, quelques instants avant minuit, au carrefour désert que l'on nomme Pont-Charrot, près la fontaine publique de Marnay (Haute-Saône).

S'il doit mourir dans l'année, il entend au lointain dès que minuit sonne, comme le bruit du sabot d'un cheval et bientôt il voit passer dans sa course effrénée un cheval gris lancé au galop, qui, après avoir franchi le pont en hennissant, disparaît dans le vallon voisin.

Charles Thuriet (1832-1920),
Contes et Légendes
de la Franche-Comté

La marée monte, la marée descend

La marée monte, la marée descend,
La nuit s'épaissit, le courlis appelle ;
Sur les sables de mer mouillés et bruns
Le voyageur se hâte vers la ville ;
La marée monte, la marée descend.

Sur les toits, sur les murs, les ténèbres s'installent
Mais la mer, la mer appelle dans les ténèbres ;
Les petites vagues, de leurs mains douces et blanches,
Effacent les pas dans le sable ;
La marée monte, la marée descend.

Le jour se lève ; les coursiers dans l'écurie
Piaffent, hennissent, et le palefrenier
Les appelle ; le jour revient mais jamais plus
Le voyageur ne revient sur le rivage.
La marée monte, la marée descend.

Henry Wadworth Longfellow
(1807-1882)

La jument Zizi

Sur place, à la montée, à la descente aussi,
La jument dansotait son trot, n'y voyant goutte.
Vous arriverez bien, allez ! coûte que coûte !
Fit le roulier, d'un air dont je restai saisi.

Ce disant, il sauta de son siège, et voici
Que, ramassant sa force et la déployant toute,
Il courut, bride en main, le reste de la route,
Ses pieds sonnant devant les sabots de Zizi.

N'ayant plus qu'à porter le poids de son squelette,
Roide et folle, la rosse, automatiquement,
Suivait le train d'enfer de ce rustique athlète ;

Et ce fut par la ville un épouvantement,
Quand, nu-tête, cet homme à la haute stature
Entra, torrentueux, traînant bête et voiture.

Maurice Rollinat (1846-1903),
Paysages et Paysans (1899)

Quand râlent les chevaux

Je traversais les grandes dunes au sud de Ouargla. C'est là un des plus étranges pays du monde. Vous connaissez le sable uni, le sable droit des interminables plages de l'Océan. Eh bien ! figurez-vous l'Océan lui-même devenu sable au milieu d'un ouragan ; imaginez une tempête silencieuse de vagues immobiles en poussière jaune. Elles sont hautes comme des montagnes, ces vagues inégales, différentes, soulevées tout à fait comme des flots déchaînés, mais plus grandes encore, et striées comme de la moire. Sur cette mer furieuse, muette et sans mouvement, le dévorant soleil du sud verse sa flamme implacable et directe. Il faut gravir ces lames de cendre d'or, redescendre, gravir encore, gravir sans cesse, sans repos et sans ombre. Les chevaux râlent, enfoncent jusqu'aux genoux, et glissent en dévalant l'autre versant des surprenantes collines.

Nous étions deux amis suivis de huit spahis et de quatre chameaux avec leurs chameliers. Nous ne parlions plus, accablés de chaleur, de fatigue, et desséchés de soif comme ce désert ardent. Soudain un de nos hommes poussa une sorte de cri ; tous s'arrêtèrent ; et nous demeurâmes immobiles, surpris par un inexplicable phénomène, connu des voyageurs en ces contrées perdues. Quelque part, près de nous, dans une direction indéterminée, un tambour battait, le mystérieux tambour des dunes ; il battait distinctement, tantôt plus vibrant, tantôt affaibli, arrêtant, puis reprenant son roulement fantastique.

Les Arabes, épouvantés, se regardaient ; et l'un dit, en sa langue : « La mort est sur nous ».

Et voilà que tout à coup mon compagnon, mon ami, presque mon frère, tomba de cheval, la tête en avant, foudroyé par une insolation.

Et pendant deux heures, pendant que j'essayais en vain de le sauver, toujours ce tambour insaisissable m'emplissait l'oreille de son bruit monotone, intermittent et incompréhensible ; et je sentais glisser dans mes os la peur, la vraie peur, la hideuse peur, en face de ce cadavre aimé, dans ce trou incendié par le soleil entre quatre monts de sable, tandis que l'écho inconnu nous jetait, à deux cents lieues de tout village français, le battement rapide du tambour.

Guy de Maupassant (1850-1893),
Contes de la Bécasse (1894)

Chevaux, neiges, combats

Les soldats Han, dans les glacis du Sud mènent des combats acharnés
La neige est si épaisse que les chevaux trébuchent et les murs disparaissent

Song Wou (Song Tseuh- hiu, 1260-1340), trad. : Siao Che-Kiun, page 449
Extrait de *Combats au sud de la Citadelle*
Anthologie de la poésie japonaise

Fabrice et son cheval sur le champ de bataille

L'escorte prit le galop ; on traversait une grande pièce de terre labourée, située au-delà du canal, et ce champ était jonché de cadavres.

– Les habits rouges ! les habits rouges ! criaient avec joie les hussards de l'escorte. Et d'abord Fabrice ne comprenait pas ; enfin il remarqua qu'en effet presque tous les cadavres étaient vêtus de rouge. Une circonstance lui donna un frisson d'horreur ; il remarqua que beaucoup de ces malheureux habits rouges vivaient encore, ils criaient évidemment pour demander du secours, et personne ne s'arrêtait pour leur en donner. Notre héros, fort humain, se donnait toutes les peines du monde pour que son cheval ne mît les pieds sur aucun habit rouge. L'escorte s'arrêta ; Fabrice, qui ne faisait pas assez d'attention à son devoir de soldat, galopait toujours en regardant un malheureux blessé.

– Veux-tu bien t'arrêter, blanc-bec ! lui cria le maréchal des logis. Fabrice s'aperçut qu'il était à vingt pas sur la droite en avant des généraux, et précisément du côté où ils regardaient avec leurs lorgnettes. En revenant se ranger à la queue des autres hussards restés à quelques pas en arrière, il vit le plus gros de ces généraux qui parlait à son voisin, général aussi, d'un air d'autorité et presque de réprimande ; il jurait. Fabrice ne put retenir sa curiosité ; et, malgré le conseil de ne point parler, à lui donné par son amie la geôlière, il arrangea une petite phrase bien française, bien correcte, et dit à son voisin :

– Quel est-il ce général qui gourmande son voisin ?

– Pardi, c'est le maréchal !

– Quel maréchal ?

– Le maréchal Ney, bêta ! Ah çà ! où as-tu servi jusqu'ici ?

Fabrice, quoique fort susceptible, ne songea point à se fâcher de l'injure ; il contemplait, perdu dans une admiration enfantine, ce fameux prince de la Moskova, le brave des braves.

Tout à coup on partit au grand galop. Quelques instants après, Fabrice vit, à vingt pas en avant, une terre labourée qui était remuée d'une façon singulière. Le fond des sillons était plein d'eau, et la terre fort humide, qui formait la crête de ces sillons, volait en petits fragments noirs lancés à trois ou quatre pieds de haut. Fabrice remarqua en passant cet effet singulier ; puis sa pensée se remit à songer à la gloire du maréchal. Il entendit un cri sec auprès de lui : c'étaient deux hussards qui tombaient atteints par des boulets ; et, lorsqu'il les regarda, ils étaient déjà à vingt pas de l'escorte. Ce qui lui sembla horrible, ce fut un cheval tout sanglant qui se débattait sur la terre labourée, en engageant ses pieds dans ses propres entrailles ; il voulait suivre les autres : le sang coulait dans la boue.

Ah ! m'y voilà donc enfin au feu ! se dit-il. J'ai vu le feu ! se répétait-il avec satisfaction. Me voici un vrai militaire. À ce moment, l'escorte allait ventre à terre, et notre héros comprit que c'étaient des boulets qui faisaient voler la terre de toutes parts. Il avait beau regarder du côté d'où venaient les boulets, il voyait la fumée blanche de la batterie à une distance énorme, et, au milieu du ronflement égal et continu produit par les coups de canon, il lui semblait entendre des décharges beaucoup plus voisines ; il n'y comprenait rien du tout.

À ce moment, les généraux et l'escorte descendirent dans un petit chemin plein d'eau, qui était à cinq pieds en contre-bas.

Le maréchal s'arrêta, et regarda de nouveau avec sa lorgnette. Fabrice, cette fois, put le voir tout à son aise ; il le trouva très blond, avec une grosse tête rouge. Nous n'avons point des figures comme celle-là en Italie, se dit-il. Jamais, moi qui suis si pâle et qui ai des cheveux châtains, je ne serai comme ça, ajoutait-il avec tristesse. Pour lui ces paroles voulaient dire : Jamais je ne serai un héros.

Il regarda les hussards ; à l'exception d'un seul, tous avaient des moustaches jaunes.

Si Fabrice regardait les hussards de l'escorte, tous le regardaient aussi. Ce regard le fit rougir, et, pour finir son embarras, il tourna la tête vers l'ennemi.

Stendhal (1783-1842),
La Chartreuse de Parme (1839)

Au galop

... mon beau destrier

On a beau dire,
quand on est à cheval,
on est un peu moins républicain.

Jacques Perret

Le col franchi, notre petit convoi se déploya dans la plaine unie et prit son ordre de marche, ordre que nous conservions depuis le départ, poussant droit du nord au sud, sur les Sept Têtes, que nous devions atteindre que le surlendemain. En avant les cavaliers, au nombre d'une trentaine environ ; derrière, nos chameaux, stimulés par les cris perçants et les sifflets des chameliers ; à l'extrême avant-garde, notre krebir, M. N., se laissant doucement aller au pas de son grand cheval blanc, qui a toujours quelques cents mètres d'avance sur les autres.

Eugène Fromentin

Le pas,
le trot,
le galop
ne constituent pas
des vitesses
mais des allures.

Jean Razac

Il est plus facile de viser et de tirer
sur les ailes d'un oiseau
que sur un cavalier csikos*.

Proverbe hongrois

*En Hongrie, les csikos sont
des éleveurs et des gardiens de chevaux.

Un homme en selle est assis
entre les deux points
les plus faibles du cheval :
les barres et les reins.
Ne jamais peser sur les uns
et sur les autres.

Alessandro Alvisi

Sur les terrasses du Royal
défilent les goums
Qui doivent prendre part
à la fantasia :
Sur son fier cheval qu'agace
le bruit des zornas,
On admire la prestance
du Caïd de Touggourth

Henry J. M Levet

Seul, l'homme qui aime le cheval,
qui le comprend et qui le sent,
peut posséder le tact équestre.

Nuno Oliveira

Les chevaux se bercent, lorsqu'au pas
ou au trot, ils font osciller leur corps
de droite à gauche et de gauche
à droite par faiblesse ou par mollesse.
Si ce balancement est dû
à la faiblesse, il faut donner au cheval
une nourriture substantielle
qui le fortifie.

Le Brun – Renaud

Le cavalier (...) debout sur son cheval
efflanqué, lui serrant les côtes,
lui rendant la bride, poussant un cri
du gosier et partant au galop, penché
sur le cou de sa bête, une main
à l'arçon de la selle, l'autre au fusil,
voilà l'homme du Sahara.

Eugène Fromentin

Erec se met en selle,
puis Enéide s'appuie sur
l'étrier et saute
sur l'encolure du cheval,
selon les indications
que lui donne Erec
qui l'aide à monter.
Le cheval les emporte
tous les deux ;
ils trouvent la porte
ouverte et passent
sans que personne
les arrête.

Chrétien de Troie

Une course de loisir dans l'Antiquité

Pline salue son cher Calvisius

J'ai passé tous ces temps entre mes tablettes et mes livres dans la plus douce tranquillité. « Comment, dites-vous, est-ce possible à Rome ? » On donnait les jeux du cirque, et ce genre de spectacle ne m'intéresse nullement. Je n'y vois rien de nouveau, rien de varié, rien qu'il ne suffise d'avoir vu une fois. Je trouve d'autant plus étrange ce désir si puéril que tant de milliers d'hommes éprouvent de revoir de temps en temps des chevaux qui courent et des cochers assis sur des chars. Si encore on était attiré par la rapidité des chevaux ou l'adresse des cochers, il y aurait un semblant de motif à cette passion : mais c'est la casaque qu'on acclame, la casaque qu'on aime, et, si en pleine course et au milieu même de la lutte une couleur prenait la place d'une autre et réciproquement, les vœux et les acclamations changeraient de camp, et tout à coup on délaisserait les conducteurs fameux, les fameux chevaux, qu'on reconnaît de loin, dont on ne cesse de crier les noms. Telle est la faveur, telle est la considération qu'obtient une vile tunique, je ne dis pas chez la populace, plus vile encore que la tunique, mais chez quelques hommes sérieux. Quand je songe que c'est un spectacle si futile, si niais, si uniforme, dont la soif insatiable les tient sur leurs sièges, je goûte un certain plaisir à ne pas goûter ce plaisir.
Et c'est avec bonheur que je consacre mes loisirs aux lettres pendant ces jours, que d'autres perdent dans les plus frivoles occupations. Adieu.

Pline le Jeune (62-113 après J.-C.),
Lettres, IX, 6, *Les courses du cirque*
(Traduction Sicard, Garnier, 1931)

Amazone nue

Amazone aux reins forts, solide centauresse,
Tu tiens par les cheveux, sans mors et sans lien,
Ton cheval de Titan, monstre thessalien ;
Ta cuisse avec fureur le dompte et le caresse.
On voit voler au vent sa crinière et ta tresse.
Le superbe coursier t'obéit comme un chien,
Et rien n'arrêterait dans son calme païen
Ton corps, bâti de rocs comme une forteresse.
Franchissant d'un seul bond les antres effrayés,
Vous frappez du sabot, dans les bois non frayés,
Les pâtres chevelus et les troupeaux qui bêlent.
Toi, Nymphe, sans tunique,
et ton cheval sans mors,
Vos flancs restent collés et vos croupes
se mêlent,
Solide centauresse, amazone aux reins forts !

Octobre 1847.
Théodore de Banville (1823-1891),
Le sang de la coupe (1890)

Cheval de mes amours

Ce matin mon cheval galopait sur la rive ;
Ce soir, j'ai passé l'eau vers la falaise, à l'ouest.
On m'avait dit que mon bien-aimé m'appelait
Et qu'au galop nous irions sur le même char.

K'iu Yuan, trad. : Hervouet

Après la bataille

Mon père, ce héros au sourire si doux,
Suivi d'un seul housard qu'il aimait entre tous
Pour sa grande bravoure et pour sa haute taille,
Parcourait à cheval, le soir d'une bataille,
Le champ couvert de morts sur qui tombait la nuit.
Il lui sembla dans l'ombre entendre un faible bruit.
C'était un Espagnol de l'armée en déroute
Qui se traînait sanglant sur le bord de la route,
Râlant, brisé, livide, et mort plus qu'à moitié.
Et qui disait : « À boire ! à boire par pitié ! »
Mon père, ému, tendit à son housard fidèle
Une gourde de rhum qui pendait à sa selle,
Et dit : « Tiens, donne à boire à ce pauvre blessé. »
Tout à coup, au moment où le housard baissé
Se penchait vers lui, l'homme, une espèce de Maure,
Saisit un pistolet qu'il étreignait encore,
Et vise au front mon père en criant : « Caramba ! »
Le coup passa si près que le chapeau tomba
Et que le cheval fit un écart en arrière.
« Donne-lui tout de même à boire », dit mon père.

Victor Hugo (1802- 1885),
La légende des siècles (1859)

À ma jument souris

Pas d'éperon ni de cravache,
N'est-ce pas, Maîtresse à poil gris
C'est bon à pousser une vache,
Pas une petite Souris.
Pas de mors à ta pauvre bouche :
Je t'aime, et ma cuisse te touche.
Pas de selle, pas d'étrier :
J'agace, du bout de ma botte,
Ta patte d'acier fin qui trotte.
Va : je ne suis pas cavalier
Hurrah ! c'est à nous la poussière !
J'ai la tête dans ta crinière,
Mes deux bras te font un collier.
Hurrah ! c'est à nous le hallier !
Hurrah ! c'est à nous la barrière !
Je suis emballé : tu me tiens
Hurrah ! et le fossé derrière
Et la culbute ! Femme tiens !!

Tristan Corbière (1845-1875),
Les Amours jaunes, 1873

Chant de Stéphane, l'homme de l'Ouest

Sellez le cheval - brûlez les routes.
Ventre à terre vers la liberté.
Harassez mes hommes – harassez mes hommes.
Sol brisé pour les miens et pour moi.

Sherwood Anderson (1876-1941),
Marching men, 1917, extrait

Camargue

Brider un cheval farouche
Et dans le vent de la mer
Prendre la route qui montre
L'heure sombre ou le soleil.

Joseph d'Arbaud (1874-1950), *Camargue*, extrait,
Les Chants Palustres (1951)

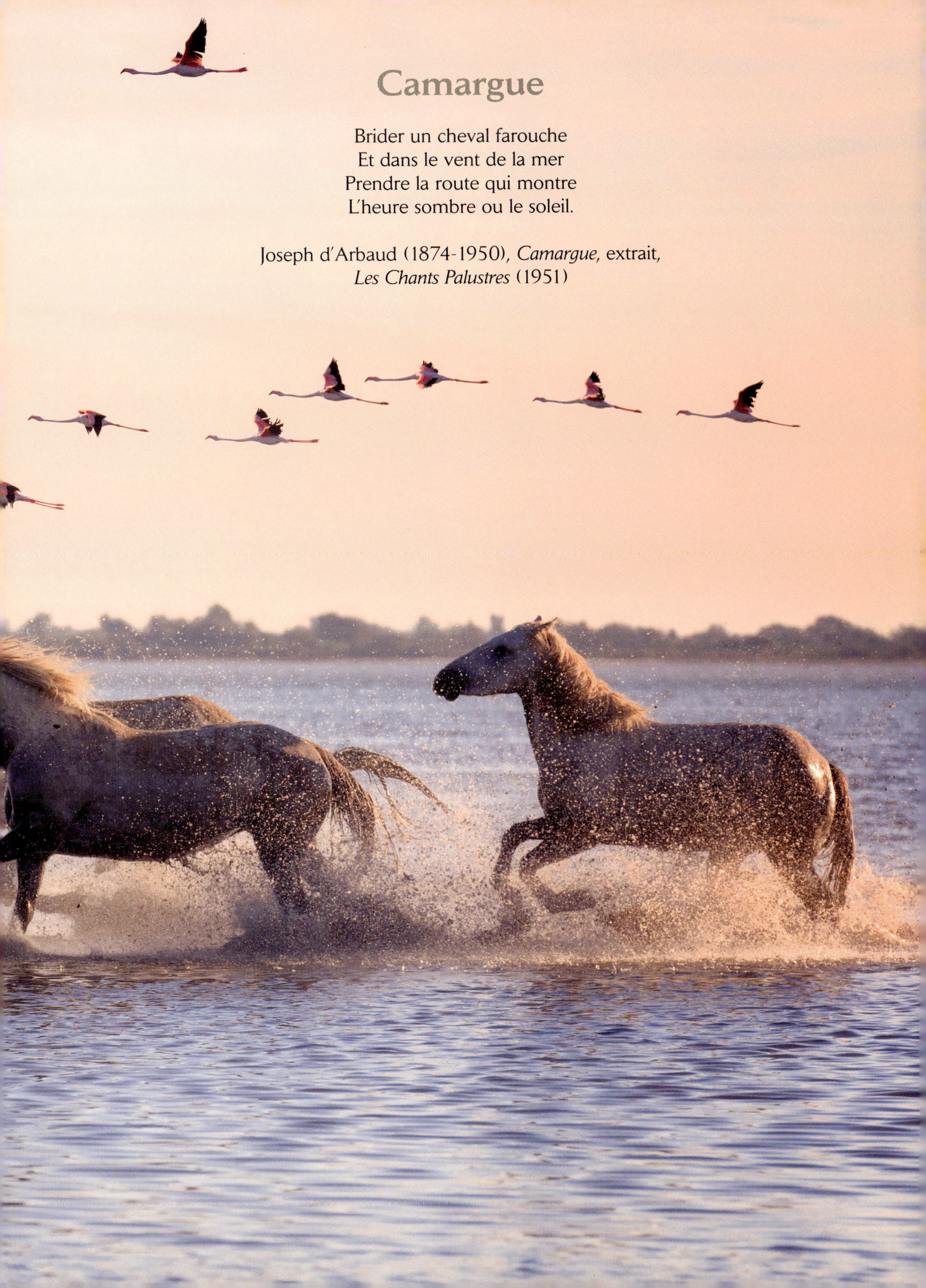

Au galop devant les lumières !

Il y a de cela bien quinze ans, j'avais donc quarante ans, et, par conséquent, je ne devais pas être un enfant qui tremble en voyant son ombre. J'étais charretier à Kerèlam. Un beau soir du mois de juin, je menais mes chevaux aux champs, pour y passer la nuit. J'étais monté sur celui de devant ; les autres suivaient à la file, et je chantais le sône de Kloarec Lambol. La nuit était calme et sereine, et j'avais plaisir à entendre les échos qui répétaient et se renvoyaient mon chant. Il fallait passer par un chemin creux, profond et étroit, entouré des deux côtés d'arbres et de buissons touffus, de ronces et de chèvrefeuilles qui s'entrecroisaient et formaient au-dessus du chemin un dôme de verdure, que les rayons du soleil pénétraient difficilement, le jour : jugez de l'obscurité qui y régnait, la nuit.

En m'engageant dans ce chemin, qui avait du reste assez mauvaise réputation dans le pays, parce qu'on le disait hanté par toutes sortes d'esprits méchants, je vis devant moi, dans les ténèbres, poindre deux lumières. Je les pris pour des vers luisants, et je continuai, toujours chantant et sifflant, et ne m'inquiétant de rien. À mesure que j'en approchais, les lumières allaient grandissant, et bientôt elles m'apparurent comme deux forts cierges, tenus par des mains invisibles. Ceci commençait à me paraître assez singulier : cependant, je n'avais pas peur, et j'avançais toujours, les yeux sur les lumières.

Mais, voilà que, tout à coup, les chevaux refusent d'aller plus avant, et quand je les excitais, quand je les frappais, ils se cabraient, soufflaient des naseaux, avec grand bruit, et voulaient retourner en arrière. J'eus beau jurer, menacer et crier que celui qui était venu là espérant me faire peur et m'empêcher de passer, perdait sa peine, et que je passerais quand même ; rien ne répondait, et les lumières brillaient toujours à mes yeux, et paraissaient même me narguer. Me voilà bien embarrassé. Il fallait absolument passer par là, car il n'y avait pas d'autre chemin qui conduisît au champ où je voulais aller. Je commençai d'avoir peur, et je délibérai avec moi-même si je retournerais sur mes pas, ou forcerais le passage.

La pensée que l'on se moquerait de moi et qu'on me traiterait de poltron me retint. Je me mis donc à battre mes chevaux à tour de bras et je passai au galop devant les lumières, qui restèrent immobiles, comme devant, et aucune voix, aucun bruit ne se fit entendre. Cependant, je fus pris d'une frayeur telle, qu'il me semblait que mes chevaux m'enlevaient dans l'air.

François-Marie Luzel (1825-1895),
Veillées bretonnes (1869)

Un cri part ; et soudain voilà que par la plaine
Et l'homme et le cheval, emportés, hors d'haleine,
Sur les sables mouvants,
Seuls, emplissant de bruit un tourbillon de poudre
Pareil au nuage noir où serpente la foudre,
Volent avec les vents !

Mazeppa

Ils vont. Dans les vallons comme un orage ils passent,
Comme ces ouragans qui dans les monts s'entassent,
Comme un globe de feu ;
Puis déjà ne sont plus qu'un point noir dans la brume,
Puis s'effacent dans l'air comme un flocon d'écume
Au vaste océan bleu.

Ils vont. L'espace est grand. Dans le désert immense,
Dans l'horizon sans fin qui toujours recommence,
Ils se plongent tous deux.
Leur course comme un vol les emporte, et grands chênes,
Villes et tours, monts noirs liés en longues chaînes,
Tout chancelle autour d'eux.

Mai 1828.
Victor Hugo (1802-1885), *Les Orientales* (1829),
extrait, Mazeppa

Le Galop

Agite, bon cheval, ta crinière fuyante ;
Que l'air autour de nous se remplisse de voix !
Que j'entende craquer sous ta corne bruyante
Le gravier des ruisseaux et les débris des bois !

Aux vapeurs de tes flancs mêle ta chaude haleine,
Aux éclairs de tes pieds ton écume et ton sang !
Cours, comme on voit un aigle en effleurant la plaine
Fouetter l'herbe d'un vol sonore et frémissant !

« Allons, les jeunes gens, à la nage ! à la nage ! »
Crie à ses cavaliers le vieux chef de tribu ;
Et les fils du désert respirent le pillage,
Et les chevaux sont fous du grand air qu'ils ont bu !

Nage ainsi dans l'espace, ô mon cheval rapide,
Abreuve-moi d'air pur, baigne-moi dans le vent ;
L'étrier bat ton ventre, et j'ai lâché la bride,
Mon corps te touche à peine, il vole en te suivant.

Brise tout, le buisson, la barrière ou la branche ;
Torrents, fossés, talus, franchis tout d'un seul bond ;
Cours, je rêve, et sur toi, les yeux clos, je me penche…
Emporte, emporte-moi dans l'inconnu profond !

Sully Prudhomme (1839-1807),
Stances et Poèmes (1865)

— J'ai retiré mon second cheval, me fiant entièrement à votre promesse, dit le colonel... Mais qu'est-ce que je vois ? Silver Blaze favori !

— Quatre contre cinq Silver Blaze ! hurlait-on dans le ring ; quatre contre cinq Silver Blaze ! Trois contre un Desborough ! Cinq contre un le champ !

— Les numéros sont déjà affichés ! m'écriai-je. Les six chevaux partent !

— Tous les six ! Mais mon cheval part aussi ! dit le colonel au paroxysme de l'agitation. Cependant je ne le vois pas, mes couleurs ne sont pas là !

— Il n'y a que cinq chevaux qui soient sortis du pesage, ce doit être lui qui arrive maintenant ! Comme je disais ces mots, un splendide cheval bai entrait sur la piste et prenait son galop d'essai : il portait les couleurs bien connues du colonel Ross.

— Mais ce n'est pas mon cheval ! s'écria avec désespoir le propriétaire ; celui-ci n'a pas un seul poil blanc sur le corps ! Qu'est-ce que vous avez fait là, monsieur Holmes !

— Allons, allons, voyons seulement comment il se comportera, répondit mon ami avec le plus grand sang-froid.

Pendant quelques minutes, il regarda à travers ma lorgnette :

— Parfait, départ excellent ! cria-t-il tout à coup... puis un peu après :

— Les voilà ! Ils arrivent au tournant !

De la voiture nous étions merveilleusement placés pour surveiller la ligne droite. Les six chevaux galopaient alors sous un mouchoir, mais, à la distance, la casaque blanche et jaune de l'écurie Capleton se montrait en tête ; cependant, avant d'arriver à notre hauteur, Desborough, qui avait déjà fait son effort, était battu, et le cheval du colonel, traversant le peloton comme une balle, passait le poteau à six bonnes longueurs devant lui, Iris, au duc de Balmoral, mauvais troisième.

— Quoi qu'il en soit, j'ai gagné la course, articula péniblement le colonel Ross, en passant la main sur son front, mais j'avoue que je n'y comprends absolument rien. Voyons, monsieur Holmes, ne trouvez-vous pas que le mystère ait duré assez longtemps ?

— Certainement, colonel, et je suis prêt à tout vous expliquer ; mais traversons d'abord la piste et allons examiner le cheval. Le voici, continua-t-il, tandis que nous nous frayons un passage pour pénétrer dans l'enceinte réservée aux propriétaires et à leurs amis. Vous n'avez qu'à laver sa tête et son membre antérieur avec de l'esprit-de-vin, et vous retrouverez votre vieux Silver Blaze tel que vous l'avez toujours connu.

— Et dire que je n'avais pas songé à cela ! C'est renversant !

Arthur Conan Doyle (1859-1930),
Souvenirs de Conan Doyle,
Silver Blaze (1894),
traduction de F.O. (1918)

Émotion dans les tribunes

Quand d'Artagnan poursuit Fouquet

D'Artagnan, qui avait embrassé tout le panorama d'un coup d'œil en traversant la terrasse, fut conduit par la ligne de la rue aux Herbes à l'aboutissement d'un de ces chemins qui prenait naissance sous la porte de Nantes.

Encore un pas, et il allait descendre l'escalier de la terrasse pour rentrer dans le donjon, prendre son carrosse à treillis, et marcher vers la maison de Fouquet.

Mais le hasard voulut que, au moment de se replonger dans l'escalier, il fût attiré par un point mouvant qui gagnait du terrain sur cette route.

« Qu'est cela ? se demanda le mousquetaire. Un cheval qui court, un cheval échappé sans doute ; comme il détale ! »

Le point mouvant se détacha de la route, et entra dans les pièces de luzerne.

« Un cheval blanc, continua le capitaine, qui venait de voir la couleur ressortir lumineuse sur le fond sombre, et il est monté ; c'est quelque enfant dont le cheval a soif, et l'emporte vers l'abreuvoir en diagonale. »

Ces réflexions, rapides comme l'éclair, simultanées avec la perception visuelle, d'Artagnan les avait déjà oubliées quand il descendit les premières marches de l'escalier.

Quelques parcelles de papier jonchaient les marches et étincelaient sur la pierre noircie des degrés.

« Eh ! eh ! se dit le capitaine, voici quelques-uns des fragments du billet déchiré par M. Fouquet. Pauvre homme ! il avait donné son secret au vent ; le vent n'en veut plus et le rapporte au roi. Décidément, pauvre Fouquet, tu joues de malheur ! la partie n'est pas égale ; la fortune est contre toi. L'étoile de Louis XIV obscurcit la tienne ; la couleuvre est plus forte ou plus habile que l'écureuil. »

D'Artagnan ramassa un de ces morceaux de papier toujours en descendant.

— Petite écriture de Gourville !! s'écria-t-il en examinant un des fragments du billet, je ne m'étais pas trompé.

Et il lut le mot cheval.

— Tiens ! fit-il.

Et il en examina un autre, sur lequel pas une lettre n'était tracée.

Sur un troisième, il lut le mot blanc.

— Cheval blanc, répéta-t-il, comme l'enfant qui épelle. Ah ! mon Dieu ! s'écria le défiant esprit, cheval blanc !

Et, semblable à ce grain de poudre qui, brûlant, se dilate en un volume centuple, d'Artagnan, gonflé d'idées et de soupçons, remonta rapidement vers la terrasse.

Le cheval blanc courait, courait toujours dans la direction de la Loire, à l'extrémité de laquelle, fondue dans les vapeurs de l'eau, une petite voile apparaissait, balancée comme un atome.

— Oh ! oh ! cria le mousquetaire, il n'y a qu'un homme qui fuit pour courir aussi vite dans les terres labourées. Il n'y a qu'un Fouquet, un financier, pour courir ainsi en plein jour sur un cheval blanc... Il n'y a que le seigneur de Belle-Île pour se sauver du côté de la mer, quand il y a des forêts si épaisses dans les terres... Et il n'y a qu'un d'Artagnan au monde pour rattraper M. Fouquet, qui a une demi-heure d'avance, et qui aura joint son bateau avant une heure.

Cela dit, le mousquetaire donna ordre que l'on menât grand train le carrosse aux treillis de fer dans un bouquet de bois situé hors de la ville.

Il choisit son meilleur cheval, lui sauta sur le dos, et courut par la rue aux Herbes, en prenant, non pas le chemin qu'avait pris Fouquet, mais le bord même de la Loire, certain qu'il était de gagner dix minutes sur le total du parcours, et de joindre, à l'intersection des deux lignes, le fugitif qui ne soupçonnerait pas d'être poursuivi de ce côté.

Dans la rapidité de la course, et avec l'impatience du persécuteur, s'animant comme à la chasse, comme à la guerre, d'Artagnan, si doux, si bon pour Fouquet, se surprit à devenir féroce et presque sanguinaire. Pendant longtemps, il courut sans apercevoir le cheval blanc ; sa fureur prenait les teintes de la rage, il doutait de lui, il supposait que Fouquet s'était abîmé dans un chemin souterrain, ou qu'il avait relayé le cheval blanc par un de ces fameux chevaux noirs, rapides comme le vent, dont d'Artagnan, à Saint-Mandé, avait tant de fois admiré, envié la légèreté vigoureuse.

À ces moments-là, quand le vent lui coupait les yeux et en faisait jaillir des larmes, quand la selle brûlait, quand le cheval, entamé dans sa chair vive, rugissait de douleur et faisait voler sous ses pieds de derrière une pluie de sable fin et de cailloux, d'Artagnan, se haussant sur l'étrier, et ne voyant rien sur l'eau, rien sous les arbres, cherchait en l'air, comme un insensé. Il devenait fou.

Dans le paroxysme de sa convoitise, il rêvait chemins aériens, découverte du siècle suivant ; il se rappelait Dédale et ses vastes ailes, qui l'avaient sauvé des prisons de la Crète. Un rauque soupir s'exhalait de ses lèvres. Il répétait, dévoré par la crainte du ridicule :

— Moi ! moi ! dupé par un Gourville, moi !… on dira que je vieillis, on dira que j'ai reçu un million pour laisser fuir Fouquet.

Alexandre Dumas (1802-1870),
Le vicomte de Bragelonne (1847)

En route !

L'autre jour, j'ai vu passer, ici même, venant
de la place et filant vers Bab-El-Charbi,
une cinquantaine de cavaliers du Goum. (...)
Je les voyais accourir du fond de la rue,
coupée à vingt pas de moi par une voûte ;
se courber une seconde pour passer dessous,
puis reparaître tout droits, non pas en selle,
mais debout sur l'étrier, lancés au galop de charge,
et venant à moi comme une tempête.

Eugène Fromentin

Avec pour
compagnon
Un cheval
de ferme,
Il voyagea
longtemps
Et franchit
des pays.

Eugène Guillevic

Le bruit court, dit le cheval, que nul ne me rattrapera à la course :
je ne sais pas encore très bien ce que ça veut dire,
mais je devine que j'en serai très fier.

Jules Supervielle

Le 22 avril 1889, des milliers de familles
s'alignèrent sur les limites du domaine
(le domaine Cherokee, au sud du Kansas),
les unes à cheval, les autres en carriole
ou en chariot. Un coup de feu donna le signal
du départ et la horde des pionniers se rua
à l'assaut des concessions disponibles.

C. Chilton

Un cheval billarde

lorsqu'en marchant, il jette
ses jambes de devant en dehors.
Ce mouvement nuit à la rapidité
des allures et à la fatigue
du cheval.

Le Brun-Renaud

La croupe et les hanches doivent être larges
et charnues afin d'être en harmonie avec les côtes
et le poitrail ; et si elles sont parfaitement fermes,
elles seront plus légères pour la course
et font le cheval en soi plus rapide.

Xénophon

Le pavé retentissait ; on entendait cliqueter, contre le flanc
des bêtes, les étriers de fer et les longs éperons ;
le torse humain du centaure ne bronchait pas.
Chaque cavalier passait, riant à des amis qui étaient
sur leurs portes, les yeux en flammes et agitant son long fusil,
comme s'il allait avoir à s'en servir.

Eugène Fromentin

J'en ai pris mon parti Rouveyre
Et monté sur mon grand cheval
Je vais bientôt partir en guerre
Sans pitié chaste et l'œil sévère.

Guillaume Apollinaire

Puis, à l'appel de la trompette,
ils s'élancent et, tout en excitant
leurs chevaux de la voix, ils secouent
leurs rênes. Le stade entier est rempli
du cliquetis bruyant des chars.
La poussière monte vers le ciel.
Tous les concurrents
ensemble, confondus,
n'épargnent pas l'aiguillon :
chacun ne pense qu'à
dépasser les moyeux
ou l'attelage hennissant
de ses rivaux.

Sophocle

Caprice blanc

L'hiver, de son pinceau givré, barbouille aux vitres
Des pastels de jardins de roses en glaçons.
Le froid pique de vif et relègue aux maisons
Milady, canaris et les jockos bélîtres.

Mais la petite Miss en berline s'en va,
Dans son vitchoura blanc, une ombre de fourrures,
Bravant l'intempérie et les âcres froidures,
Et plus d'un, à la voir cheminer, la rêva.

Ses deux chevaux sont blancs et sa voiture aussi,
Menés de front par un cockney, flegme sur siège.
Leurs sabots font des trous ronds et creux dans la neige ;
Tout le ciel s'enfarine en un soir obscurci.

Elle a passé, tournant sa prunelle câline
Vers moi. Pour compléter alors l'immaculé
De ce décor en blanc, bouquet dissimulé,
Je lui jetai mon cœur au fond de sa berline.

Émile Nelligan (1879-1941),
Poésies complètes (1898)

Chanson de route Arya

Fiers sur nos chevaux, tribu souveraine
Poussons devant nous les troupeaux bêlants,
Les bœufs mugissants. Que chacun emmène,
Enlacée à lui de ses beaux bras blancs,
L'amoureuse. Car la halte est prochaine.

Partis du pays des hauts pics neigeux,
Des vallons mouillés par les sources vives,
Nous en emportons les rires, les jeux,
Les frais souvenirs, sans chansons plaintives.
Aux pays nouveaux nous trouverons mieux.

Esclaves, hâtez la marche endormante
Des troupeaux. L'agneau sait téter alors
Que la brebis court en broutant la menthe.
De vos aiguillons piquez les bœufs forts,
Les bœufs paresseux que le taon tourmente.

Mais on ralentit l'allure, à travers
Les bois ; on descend de cheval ; et, blanches,
Nos filles s'en vont dans les buissons verts,
Les cheveux au vent, écartant les branches,
Cherchant avec nous des chemins ouverts.

Posant leurs pieds blancs sur les feuilles sèches,
Elles font tinter autour de leurs cous
Et sur leurs beaux seins, doux comme les pêches,
L'or et l'argent fins, sonores bijoux.
Ainsi nous marchons dans les forêts fraîches.

Voici l'aube. Allons ! Assez de sommeil !
N'attendons pas ceux qui sont lents à suivre,
Voici que le jour s'est levé vermeil.
Nous vaincrons les nains d'ébène ou de cuivre
Dans les beaux pays chauffés du soleil.

Charles Cros (1842-1888) extrait,
Le coffret de santal (1873)

Un départ en fanfare

Au jour dit, la voiture et le cheval arrivèrent en même temps devant la porte. Il descendit aussitôt, pour examiner sa monture. Il avait fait coudre des sous-pieds à son pantalon, et manœuvrait une cravache achetée la veille.

Il leva et palpa, l'une après l'autre, les quatre jambes de la bête, tâta le cou, les côtes, les jarrets, éprouva du doigt les reins, ouvrit la bouche, examina les dents, déclara son âge, et, comme toute la famille descendait, il fit une sorte de petit cours théorique et pratique sur le cheval en général et en particulier sur celui-là, qu'il reconnaissait excellent.

Quand tout le monde fut bien placé dans la voiture, il vérifia les sangles de la selle ; puis, s'enlevant sur un étrier, il retomba sur l'animal, qui se mit à danser sous la charge et faillit désarçonner son cavalier.

Hector, ému, tâchait de le calmer :

– Allons, tout beau, mon ami, tout beau.

Puis, quand le porteur eut repris sa tranquillité et le porté son aplomb, celui-ci demanda :

– Est-on prêt ?

Toutes les voix répondirent :

– Oui.

Alors, il commanda :

– En route !

Et la cavalcade s'éloigna.

Tous les regards étaient tendus vers lui, il trottait à l'anglaise en exagérant les ressauts.

À peine était-il retombé sur la selle qu'il rebondissait comme pour monter dans l'espace. Souvent il semblait prêt à s'abattre sur la crinière ; et il tenait ses yeux fixes devant lui, ayant la figure crispée et les joues pâles.

Sa femme, gardant sur ses genoux un des enfants, et la bonne qui portait l'autre, répétaient sans cesse :

– Regardez papa, regardez papa !

Et les deux gamins, grisés par le mouvement, la joie et l'air vif, poussaient des cris aigus. Le cheval, effrayé par ces clameurs, finit par prendre le galop, et, pendant que le cavalier s'efforçait de l'arrêter, le chapeau roula par terre. Il fallut que le cocher descendît de son siège pour ramasser cette coiffure, et, quand Hector l'eut reçue de ses mains, il s'adressa de loin à sa femme :

– Empêche donc les enfants de crier comme ça : tu me ferais emporter !

On déjeuna sur l'herbe, dans les bois du Vésinet, avec les provisions déposées dans les coffres.

Bien que le cocher prît soin des trois chevaux, Hector à tout moment se levait pour aller voir si le sien ne manquait de rien, et il le caressait sur le cou, lui faisant manger du pain, des gâteaux, du sucre.

Il déclara :

– C'est un rude trotteur. Il m'a même un peu secoué dans les premiers moments ; mais tu as vu que je m'y suis vite remis : il a reconnu son maître, il ne bougera plus maintenant.

Guy de Maupassant (1850-1893),
À Cheval (1883)

Il arriva sur le rivage de l'Euphrate la veille de ce grand jour. Il fit inscrire sa devise parmi celles des combattants, en cachant son visage et son nom, comme la loi l'ordonnait, et alla se reposer dans l'appartement qui lui échut par le sort. Son ami Cador, qui était revenu à Babylone, après l'avoir inutilement cherché en Égypte, fit porter dans sa loge une armure complète que la reine lui envoyait. Il lui fit amener aussi de sa part le plus beau cheval de Perse. Zadig reconnut Astarté à ces présents : son courage et son amour en prirent de nouvelles forces et de nouvelles espérances.
Le lendemain la reine étant venue se placer sous un dais de pierreries, et les amphithéâtres étant remplis de toutes les dames et de tous les ordres de Babylone, les combattants parurent dans le cirque. Chacun d'eux vint mettre sa devise aux pieds du grand mage. On tira au sort les devises ; celle de Zadig fut la dernière.
Le premier qui s'avança était un seigneur très riche, nommé Itobad, fort vain, peu courageux, très maladroit, et sans esprit. Ses domestiques l'avaient persuadé qu'un homme comme lui devait être roi ; il leur avait répondu : « Un homme comme moi doit régner » ; ainsi on l'avait armé de pied en cap. Il portait une armure d'or émaillée de vert, un panache vert, une lance ornée de rubans verts.
On s'aperçut d'abord, à la manière dont Itobad gouvernait son cheval, que ce n'était pas un homme comme lui à qui le Ciel réservait le sceptre de Babylone. Le premier chevalier qui courut contre lui le désarçonna ; le second le renversa sur la croupe de son cheval, les deux jambes en l'air et les bras étendus. Itobad se remit, mais de si mauvaise grâce que tout l'amphithéâtre se mit à rire. Un troisième ne daigna pas se servir de sa lance ; mais, en lui faisant une passe, il le prit par la jambe droite, et lui faisant faire un demi-tour, il le fit tomber sur le sable : les écuyers des jeux accoururent à lui en riant, et le remirent en selle.
Le quatrième combattant le prend par la jambe gauche, et le fait tomber de l'autre côté.
On le conduisit avec des huées à sa loge, où il devait passer la nuit selon la loi ; et il disait en marchant à peine : « Quelle aventure pour un homme comme moi ! »
Les autres chevaliers s'acquittèrent mieux de leur devoir. Il y en eut qui vainquirent deux combattants de suite ; quelques-uns allèrent jusqu'à trois. Il n'y eut que le prince Otame qui en vainquit quatre. Enfin Zadig combattit à son tour : il désarçonna quatre cavaliers de suite avec toute la grâce possible. Il fallut donc voir qui serait vainqueur d'Otame ou de Zadig. Le premier portait des armes bleues et or, avec un panache de même ; celles de Zadig étaient blanches.
Tous les vœux se partageaient entre le chevalier bleu et le chevalier blanc. La reine, à qui le cœur palpitait, faisait des prières au Ciel pour la couleur blanche.
Les deux champions firent des passes et des voltes avec tant d'agilité, ils se donnèrent de si beaux coups de lance, ils étaient si fermes sur leurs arçons, que tout le monde, hors la reine, souhaitait qu'il y eût deux rois dans Babylone. Enfin, leurs chevaux étant lassés et leurs lances rompues, Zadig usa de cette adresse : il passe derrière le prince bleu, s'élance sur la croupe de son cheval, le prend par le milieu du corps, le jette à terre, se met en selle à sa place, et caracole autour d'Otame étendu sur la place. Tout l'amphithéâtre crie : « Victoire au chevalier blanc ! » Otame, indigné, se relève, tire son épée ; Zadig saute de cheval, le sabre à la main. Les voilà tous deux sur l'arène, livrant un nouveau combat où la force et l'agilité triomphent tour à tour. Les plumes de leur casque, les clous de leurs brassards, les mailles de leur armure sautent au loin sous mille coups précipités. Ils frappent de pointe et de taille, à droite, à gauche, sur la tête, sur la poitrine ; ils reculent, ils avancent, ils se mesurent, ils se rejoignent, ils se saisissent, ils se replient comme des serpents, ils s'attaquent comme des lions ; le feu jaillit à tout moment des coups qu'ils se portent. Enfin Zadig, ayant un moment repris ses esprits, s'arrête, fait une feinte, passe sur Otame, le fait tomber, le désarme, et Otame s'écrie : « Ô chevalier blanc ! C'est vous qui devez régner sur Babylone. »
La reine était au comble de la joie.

Voltaire (1694-1718),
Zadig ou la destinée (1747)

Cavalier bleu, cavalier blanc, qui sera roi de Babylone ?

Quatre belles dans un carrosse

Nous avions vu la veille, à Nevers, une course, la plus hardie qu'on puisse imaginer : quatre belles dans un carrosse nous ayant vus passer dans les nôtres, eurent une telle envie de nous revoir, qu'elles voulurent passer devant nous lorsque nous étions sur une chaussée qui n'a jamais été faite que pour un carrosse. Ce téméraire cocher nous passa sur la moustache : elles étaient à deux doigts de tomber dans la rivière ; nous criions tous miséricorde ; elles pâmaient de rire, et coururent de cette sorte, et par-dessus nous et devant nous, d'une si surprenante manière, que nous en sommes encore effrayés. Voilà, ma très chère, nos plus grandes aventures ; car de vous dire que tout est plein de vendanges et de vendangeurs, cette nouvelle ne vous étonnerait pas au mois de septembre.

Madame de Sévigné (1626-1696),
Lettre à Mme de Grignan, 1er octobre 1677

Historique de la voltige

Cet exercice est tellement naturel à l'homme, qu'il l'exécute depuis la plus haute antiquité sans l'avoir jamais appris.
Qui n'a vu, garçons de ferme, palefreniers, charretiers sauter journellement sur le dos de leurs chevaux pour les mener à l'abreuvoir et les conduire à la ferme ou à l'écurie.
De tout temps, pour exécuter ce saut, l'homme saisissait la crinière avec les mains et ainsi aidé s'élançait sur le dos du cheval. La manière, vous le savez aussi bien que moi, n'a pas changé. Eh bien, l'homme qui monte à cheval de cette façon, fait, sans s'en douter, de la voltige, de la voltige sur place, c'est-à-dire la plus difficile, car il faut un effort bien plus grand pour sauter sur un cheval arrêté que sur un cheval au galop, comme je vous l'expliquerai par la suite.
La voltige a toujours fait partie de l'équitation militaire. Chez les Romains, les cavaliers militaires s'appliquaient à sauter à cheval très lestement au galop, avec casques et cuirasses. Pour obtenir ce résultat, ils s'exerçaient sur des chevaux de bois.
Les mêmes Romains, dans le cirque, faisaient des courses debout sur deux chevaux sans selle, ils étaient donc déjà de fameux voltigeurs.
Bien avant les Romains, les cavaliers barbares s'entraînaient à l'exercice de la lance et du javelot en sautant par terre et en s'élançant encore au galop sur leurs chevaux nus.
L'ancienne poste américaine présentait cette particularité de changer de cheval tous les dix ou douze kilomètres et chaque fois qu'un cavalier passait d'un cheval sur l'autre il retirait sa selle du premier pour la mettre sur le second, sans pour ainsi dire arrêter son cheval, c'est-à-dire en voltige.
Le Cosaque remonte à califourchon sur sa selle très élevée et s'y maintient debout assez solidement pour sabrer et se servir de son fusil. Il se laisse aussi pendre la tête en bas, accroché par les jambes à sa selle, et ramasse, en passant au galop, des objets sur le sol.

Ernest Molier (1848- 1933),
L'équitation et le cheval (1911)

J'allais fermer les yeux pour la seconde fois, quand il me sembla voir passer devant moi l'ombre d'un homme et l'ombre d'un cheval, marchant l'un et l'autre sans faire le moindre bruit. Je me mis sur mon séant, et je crus reconnaître Antonio. Surpris de le voir hors de l'écurie à pareille heure, je me levai et marchai à sa rencontre. Il s'était arrêté, m'ayant aperçu d'abord.

— Où est-il ? me demanda Antonio à voix basse.

— Dans la venta ; il dort ; il n'a pas peur des punaises. Pourquoi donc emmenez-vous ce cheval ?

Je remarquai alors que, pour ne pas faire de bruit en sortant du hangar, Antonio avait soigneusement enveloppé les pieds de l'animal avec les débris d'une vieille couverture.

— Parlez plus bas, me dit Antonio, au nom de Dieu ! Vous ne savez pas qui est cet homme-là. C'est José Navarro, le plus insigne bandit de l'Andalousie. Toute la journée je vous ai fait des signes que vous n'avez pas voulu comprendre.

— Bandit ou non, que m'importe ? répondis-je ; il ne nous a pas volés, et je parierais qu'il n'en a pas envie.

— À la bonne heure ; mais il y a deux cents ducats pour qui le livrera. Je sais un poste de lanciers à une lieue et demie d'ici, et avant qu'il soit jour, j'amènerai quelques gaillards solides. J'aurais pris son cheval, mais il est si méchant que nul que le Navarro ne peut en approcher.

— Que le diable vous emporte ! lui dis-je. Quel mal vous a fait ce pauvre homme pour le dénoncer ? D'ailleurs, êtes-vous sûr qu'il soit le brigand que vous dites ?

— Parfaitement sûr ; tout à l'heure il m'a suivi dans l'écurie et m'a dit : « Tu as l'air de me connaître ; si tu dis à ce bon monsieur qui je suis, je te fais sauter la cervelle. » Restez, Monsieur, restez auprès de lui ; vous n'avez rien à craindre. Tant qu'il vous saura là, il ne se méfiera de rien.

Tout en parlant, nous nous étions déjà assez éloignés de la venta pour qu'on ne pût entendre les fers du cheval. Antonio l'avait débarrassé en un clin d'œil des guenilles dont il lui avait enveloppé les pieds ; il se préparait à enfourcher sa monture. J'essayai prières et menaces pour le retenir.

— Je suis un pauvre diable, monsieur, me disait-il ; deux cents ducats ne sont pas à perdre, surtout quand il s'agit de délivrer le pays de pareille vermine. Mais prenez garde : si le Navarro se réveille, il sautera sur son espingole, et gare à vous ! Moi, je suis trop avancé pour reculer ; arrangez-vous comme vous pourrez.

Le drôle était en selle ; il piqua des deux, et dans l'obscurité je l'eus bientôt perdu de vue.

Prosper Mérimée (1803-1870),
Carmen (1890)

Le cheval, le touriste, son guide et le bandit

La troïka

Hé, toi ! à quoi penses-tu ? Que fais-tu ? dit Tchitchikof à Séliphane.
— Qu'est-ce qu'il y a, maître ? répondit Séliphane d'une voix lente et nasillarde.
— Comment, quoi ? Vois donc, brute, comme tu mènes ! Plus vite, plus vite !

Il est de fait que, depuis plus d'une bonne heure, Séliphane menait les yeux fermés, secouant les rênes, de temps en temps, par pur instinct, sur les flancs des chevaux qui dormaient aussi, mais en mettant un pied devant l'autre ; Pétrouchka, qui, depuis longtemps, à son insu, n'avait plus de casquette, dormait côte à côte avec Séliphane ; celui-ci était penché en avant, Pétrouchka était tout renversé en arrière ; son corps et sa tête se balançaient avec une souplesse parfois si risquée que sa nuque heurta aux genoux le bon Tchitchikof, qui, sans colère, lui donna sur le nez une bonne chiquenaude. Séliphane reprit tout à fait son gouvernement, il appliqua plusieurs coups de fouet sensibles sur le dos du tigré, que cette circonstance détermina à prendre son meilleur trot, et il n'y eut plus qu'à promener l'instrument sur les autres.
Ce ne fut plus le trot, ce fut alors un galop rapide et harmonieux. Tchitchikof sourit et se plongea délicieusement entre ses coussins de maroquin. Séliphane criait : « Ehk ! ehk ! ehk ! » en faisant de petits bonds sur son siège, et la troïka, tantôt gravissait, tantôt redescendait une des montées dont la route se composait en cet endroit ; l'équipage en ce moment suivait l'inclinaison d'une longue, très longue descente ; Tchitchikof était triomphant ; il adorait la vitesse. Au fait, quel Russe n'aime pas la vitesse en voyage ? Lui qui se plaît à tourbillonner, à franchir d'un bond l'espace, à toucher sans délai le bout et le fond des choses, lui qui, pour un désir même extravagant, est prompt à envoyer tout au diable, le moyen qu'il n'aime pas la vitesse, la vitesse qui, pour lui, a quelque chose de magique, d'enchanté, de fascinateur et de triomphant !
La vitesse en voyage, c'est comme une force secrète, une puissance occulte qui vous a pris et vous transporte sur ses ailes ; vous traversez les airs, vous fuyez, tout fuit avec vous ; les poteaux indicateurs fuient, les convois de marchandises fuient, d'un et d'autre côté ; des forêts aux sombres rangées de pins et de sapins fuient, volent en rendant un bruit de haches destructives ou de croassements voraces ; la route tout entière fuit, se perd dans un lointain où l'on ne distingue plus rien, rien qui ait une forme accusée, si ce n'est peut-être un pan du ciel, et la lune sans cesse déchiquetée par l'interposition du nuage mobile. Ô troïka, troïka, oiseau-troïka ! Il ne faut pas demander qui t'a inventée ; tu ne peux avoir été conçue, tu ne pouvais naître et paraître qu'au sein d'un peuple vif et agile, sur un territoire géant qui s'étend sur la moitié du globe, et où, en route, nul sous peine de vertige ne s'amuse à compter les poteaux.
Dans ta configuration, tu n'as pas une bien belle apparence, ô télègue, britchka rustique, kibitque, équipage de route, d'hiver ou d'été, tu n'es pas un objet d'art fait pour arrêter les regards : du bois sec, une hache, une doloire, un bras agile, et te voilà sur pied ; il n'y a pas un paysan d'Iaroslaf qui ne soit propre à cette construction. La troïka est attelée ; et l'homme ? Quel homme ? L'homme pour conduire ? Eh tenez, c'est, si vous voulez, ce même paysan. « Bon ! qu'il chausse donc ses bottes fortes ! » Plaisantez-vous ? Il n'est pas postillon allemand, il n'a pas de bottes fortes et se passe même de toute chaussure. Il a ce qu'il faut, des mitaines aux mains et de la barbe au menton ! Voyez-le, Dieu sait sur quoi il se tient en équilibre ; il a entonné sa chanson, il est parti, c'est le tourbillon, les jantes des roues sont confondues et semblent une surface plane du centre à la circonférence ; la route frémit à l'approche de l'impétueux attelage, le piéton se range,

en jetant une malédiction qui n'est qu'un cri d'épouvante, puis il regarde bouche béante, mais la trombe a passé, elle fuit, fuit, fuit… mais là-bas, tout là-bas, un nuage de poussière s'élève en spirale, puis fond, se partage et se dissout en vaste draperie qui s'abaisse obliquement sur les bas-côtés du chemin. Tout a disparu.
N'es-tu pas ainsi faite, ô Russie, ô mon bien-aimé pays ? Ne te sens-tu pas emportée vers l'inconnu comme l'impétueuse troïka, que rien ne saurait atteindre ? Sous toi la route fume, les ponts gémissent, tonnent ; tout est dépassé, distancé, débordé. L'observateur s'arrête, frappé de cette divine merveille. N'est-ce pas l'éclair ? N'est-ce pas la foudre lancée du ciel ? Que signifie ce mouvement, sujet d'universelle terreur ? Quelle force mystérieuse, inappréciable, recèlent donc ces coursiers inconnus au monde ? Ah, coursiers, coursiers russes ; quels coursiers, en effet, êtes-vous ! Vos crinières sont-elles l'asile favori du tourbillon ? Y a-t-il donc une oreille attentive qui frémisse à chacune de vos fibres ?… Mais ils ont entendu d'en haut un chant connu ; les trois poitrails de bronze se sont tendus, douze pieds nerveux sont partis à la fois d'un même élan, sans presque toucher la terre de leur rapide sabot ; trois coursiers se sont à nos yeux métamorphosés en trois légères parallèles qui fuient confondues en un trait à travers l'atmosphère émue. Elle fuit, la troïka, elle vole toute fulgurante de l'esprit de Dieu… Ô Russie, Russie ! Où cours-tu ? Dis, réponds-moi !
Elle ne répond pas. La clochette tinte d'un son surnaturel ; l'air scindé, brisé, gronde, tournoie, s'échappe en amples courants ; tout ce qui est sur la terre est traversé au vol… et l'on voit se retirer de biais, se ranger à l'écart et te livrer passage, peuples, royaumes et empires.

Nicolas Gogol (1809-1859), *Les âmes mortes* (1842). Traduction d'Ernest Charrière (1859)

… les trois poitrails de bronze se sont tendus, douze pieds nerveux sont partis à la fois d'un même élan, sans presque toucher la terre de leur rapide sabot…

Le cheval

en société

Âne avec cheval n'attelle.

Dicton

Cheval seul, cheval perdu,
Malade de la pluie,
vibrant d'insectes,
Cheval seul, vieux cheval.

Paul Éluard

On n'attelle pas au même timon
le cheval fougueux
et la biche craintive.

Tourgueniev

En 1845, lorsque le Texas est devenu l'un des états des États-Unis d'Amérique, le cow-boy texan, monté sur un petit cheval nerveux, arborant un pistolet à la ceinture, coiffé d'un feutre à larges bords, avec des cuissardes de peau et des éperons tintinnabulant était déjà une réalité. Son souci principal était de trouver des débouchés pour écouler les milliers de bœufs à longues cornes qui l'entouraient de toutes parts.

C. Chilton

Les Espagnols révolutionnèrent la vie des Indiens en introduisant le cheval dans la prairie. (…) Ce nouveau moyen de transport leur permit de parcourir leur domaine avec davantage de facilité. Ils devinrent nomades et suivirent dans leurs déplacements les troupeaux de bisons vers le sud en hiver, et vers le nord en été.

C. Chilton

27. — Demi-sang anglo-breton de la variété du Léon, en 1825.

Dès le lendemain, le chevalier avec sa dame, entendit la messe au moûtier ; et quand la messe fut chantée, il fit préparer les chevaux. Allons au-devant de mon père, dit-il. Ils partent au grand trot, le long de la route pavée. Ils n'avaient pas fait une lieue qu'on entendait sur le chemin le bruit d'une troupe à cheval. Le chevalier court, voit son père, ses frères, et joyeux, les embrasse.

Le roman de Renart

D'ailleurs chacun de nous est impatient d'atteindre le caravansérail de Sidi-Mahelhouf. Aussi nos chevaux sont restés bridés, et nos chameaux n'ont fait que déposer deux outres pleines et ont filé devant.

Eugène Fromentin

Nous avancions en silence et gravissions péniblement, pendus aux crins de nos chevaux, de longs escarpements dont chacun nous coûtait une heure à franchir. Nous faisions lever des engoulevents, des tourterelles des bois, quelques volées plus rares de perdrix grises ; par moments, le cri sonore d'un merle éclatait près de nous, et l'on voyait le petit oiseau noir fuir au-dessus des fourrés.

Eugène Fromentin

Un cheval de prix avait été amené, le frein et la selle rehaussée valaient bien mille livres de deniers parisis. Girbert le monte ; on lui présente un écu voûté orné d'un lionceau d'or, il saisit la raide hante d'une enseigne dorée, pique de deux, s'arrête court et revient près de l'empereur. Comme il fut alors regardé, applaudi des dames, des jeunes filles, des bourgeois et des garçons !

Jean de Flacy

Juments, poulains, etc.

Les bêtes étaient là, le nez tourné vers la ficelle, et alignant confusément leurs croupes inégales. Des porcs assoupis enfonçaient en terre leur groin ; des veaux beuglaient ; des brebis bêlaient ; les vaches, un jarret replié, étalaient leur ventre sur le gazon, et, ruminant lentement, clignaient leurs paupières lourdes, sous les moucherons qui bourdonnaient autour d'elles. Des charretiers, les bras nus, retenaient par le licou des étalons cabrés, qui hennissaient à pleins naseaux du côté des juments. Elles restaient paisibles, allongeant la tête et la crinière pendante, tandis que leurs poulains se reposaient à leur ombre, ou venaient les téter quelquefois ; et, sur la longue ondulation de tous ces corps tassés, on voyait se lever au vent, comme un flot, quelque flot, quelque crinière blanche, ou bien saillir des cornes aiguës et des têtes d'hommes qui couraient.

Gustave Flaubert (1821-1880),
Madame Bovary (1856)

Le Cheval et l'Âne

En ce monde il se faut l'un l'autre secourir.
Si ton voisin vient à mourir,
C'est sur toi que le fardeau tombe.

Un Âne accompagnait un Cheval peu courtois,
Celui-ci ne portant que son simple harnois,
Et le pauvre Baudet si chargé qu'il succombe.
Il pria le Cheval de l'aider quelque peu :
Autrement il mourrait devant qu'être à la ville.
La prière, dit-il, n'en est pas incivile :
Moitié de ce fardeau ne vous sera que jeu.
Le Cheval refusa, fit une pétarade :
Tant qu'il vit sous le faix mourir son camarade,
Et reconnut qu'il avait tort.
Du Baudet, en cette aventure,
On lui fit porter la voiture,
Et la peau par-dessus encor.

Jean de La Fontaine (1621-1695),
Fables VI, 16, 1668

Pl.15.
Tome 14.
1
2
Pauquet, sculp.
1 LE CHEVAL _ 2 L'ÂNE

LE CHEVAL ET LE POULAIN

Un bon père cheval, veuf, et n'ayant qu'un fils,
L'élevait dans un pâturage
Où les eaux, les fleurs et l'ombrage
Présentaient à la fois tous les biens réunis.
Abusant pour jouir, comme on fait à cet âge,
Le poulain tous les jours se gorgeait de sainfoin,
Se vautrait dans l'herbe fleurie,
Galopait sans objet, se baignait sans envie,
Ou se reposait sans besoin.
Oisif et gras à lard, le jeune solitaire
S'ennuya, se lassa de ne manquer de rien.
Le dégoût vint bientôt : il va trouver son père :
Depuis longtemps, dit-il, je ne me sens pas bien ;
Cette herbe est malsaine et me tue ;
Ce trèfle est sans saveur, cette onde est corrompue,
L'air qu'on respire ici m'attaque les poumons ;
Bref, je meurs si nous ne partons.
Mon fils, répond le père, il s'agit de ta vie,
A l'instant même il faut partir.
Sitôt dit, sitôt fait, ils quittent leur patrie.
Le jeune voyageur bondissait de plaisir.
Le vieillard, moins joyeux, allait un train plus sage
Mais il guidait l'enfant, et le faisait gravir
Sur des monts escarpés, arides, sans herbage,
Où rien ne pouvait le nourrir.
Le soir vint, point de pâturage ;
On s'en passa. Le lendemain,
Comme l'on commençait à souffrir de la faim,
On prit du bout des dents une ronce sauvage.
On ne galopa plus le reste du voyage ;
A peine après deux jours allait-on même au pas.
Jugeant alors la leçon faite,
Le père va reprendre une route secrète
Que son fils ne connaissait pas,
Et le ramène à la prairie
Au milieu de la nuit. Dès que notre poulain
Retrouve un peu d'herbe fleurie,
Il se jette dessus : Ah! l'excellent festin!
La bonne herbe! dit-il ; comme elle est douce et tendre!
Mon père, il ne faut pas s'attendre
Que nous puissions rencontrer mieux ;
Fixons-nous pour jamais dans ces aimables lieux.
Quel pays peut valoir cet asile champêtre?
Comme il parlait ainsi, le jour vint à paraître :
Le poulain reconnaît le pré qu'il a quitté ;
Il demeure confus. Le père avec bonté
Lui dit : Mon cher enfant, retiens cette maxime :
Quiconque jouit trop est bientôt dégoûté ;
Il faut au bonheur du régime.

— 19 —

Le cheval s'étant voulu venger du cerf

De tout temps les chevaux ne sont nés
pour les hommes.
Lorsque le genre humain de gland
se contentait,
Âne, cheval, et mule, aux forêts habitait ;
Et l'on ne voyait point, comme au siècle
où nous sommes,
Tant de selles et tant de bâts,
Tant de harnois pour les combats,
Tant de chaises, tant de carrosses,
Comme aussi ne voyait-on pas
Tant de festins et tant de noces.
Or un cheval eut alors différent
Avec un cerf plein de vitesse,
Et ne pouvant l'attraper en courant,
Il eut recours à l'homme, implora son adresse.
L'homme lui mit un frein, lui sauta sur le dos,
Ne lui donna point de repos
Que le cerf ne fût pris, et n'y laissât la vie ;
Et cela fait, le cheval remercie
L'homme son bienfaiteur, disant :
Je suis à vous ;
Adieu. Je m'en retourne
en mon séjour sauvage.
– Non pas cela, dit l'homme ;
il fait meilleur chez nous :
Je vois trop quel est votre usage.
Demeurez donc ; vous serez bien traité.
Et jusqu'au ventre en la litière.
Hélas ! Que sert la bonne chère
Quand on n'a pas la liberté ?
Le cheval s'aperçut qu'il avait fait folie ;
Mais il n'était plus temps : déjà son écurie
Était prête et toute bâtie.
Il y mourut en traînant son lien.
Sage s'il eût remis une légère offense.
Quel que soit le plaisir que cause
la vengeance,
C'est l'acheter trop cher, que l'acheter d'un bien
Sans qui les autres ne sont rien.

Jean de La Fontaine (1621-1695),
Fables, I, livre IV

LE BŒUF, LE CHEVAL ET L'ANE

Un bœuf, un baudet, un cheval,
Se disputaient la préséance.
Un baudet, direz-vous, tant d'orgueil lui sied mal.
A qui l'orgueil sied-il ? et qui de nous ne pense
Valoir ceux que le rang, les talents, la naissance,
Elèvent au-dessus de nous ?
Le bœuf, d'un ton modeste et doux,
Alléguait ses nombreux services,
Sa force, sa docilité ;
Le coursier sa valeur, ses nobles exercices,
Et l'âne son utilité.
Prenons, dit le cheval, les hommes pour arbitres
En voici venir trois, exposons-leur nos titres.
Si deux sont d'un avis, le procès est jugé.
Les trois hommes venus, notre bœuf est chargé
D'être le rapporteur : il explique l'affaire
Et demande le jugement.
Un des juges choisis, maquignon bas normand,
Crie aussitôt : La chose est claire,
Le cheval a gagné. Non pas, mon cher confrère
Dit le second jugeur, c'était un gros meunier ;
L'âne doit marcher le premier ;
Tout autre avis serait d'une injustice extrême.
Oh ! que nenni, dit le troisième,
Fermier de sa paroisse et riche laboureur ;
Au bœuf appartient cet honneur.
Quoi ! reprend le coursier écumant de colère,
Votre avis n'est dicté que par votre intérêt !
Eh mais, dit le Normand, par quoi donc, s'il vous plaît ?
N'est-ce pas le code ordinaire ?

LE CHEVAL ET LE LOUP. Fable XC.

Le cheval et le loup

Un certain loup, dans la saison
Quel les tièdes zéphyrs ont l'herbe rajeunie,
Et que les animaux quittent tous la maison
Pour s'en aller chercher leur vie,
Un loup, dis-je, au sortir des rigueurs de l'hiver,
Aperçut un cheval qu'on avait mis au vert.
Je laisse à penser quelle joie.
« Bonne chasse, dit-il, qui l'aurait à son croc !
Eh ! que n'es-tu mouton ! car tu me serais hoc,
Au lieu qu'il faut ruser pour avoir cette proie.
Rusons donc. » Ainsi dit, il vient à pas comptés.
Se dit écolier d'Hippocrate ;
Qu'il connaît les vertus et les propriétés
De tous les simples de ces prés ;
Qu'il sait guérir, sans qu'il se flatte,
Toutes sortes de maux. Si dom Coursier voulait
Ne point celer sa maladie,
Lui loup gratis le guérirait ;
Car le voir en cette prairie
Paître ainsi, sans être lié,
Témoignait quelque mal, selon la médecine.
« J'ai, dit la bête chevaline,
Une apostume sous le pied.
– Mon fils, dit le docteur, il n'est point de partie
Susceptible de tant de maux.
J'ai l'honneur de servir nos seigneurs les Chevaux,
Et fais aussi la chirurgies. »
Mon galant ne songeait qu'à bien prendre son temps,
Afin de happer son malade.
L'autre, qui s'en doutait, lui lâche une ruade,
Qui vous lui met en marmelade
Les mandibules et les dents.
« C'est bien fait, dit le loup en soi-même fort triste ;
Chacun à son métier doit toujours s'attacher.
Tu veux faire ici l'arboriste
Et ne fus jamais que boucher. »

Jean de La Fontaine (1621-1695),
Fables, Livre V (1668)

Quand un cheval rencontre un autre cheval

J'avais loué à Cordoue un guide et deux chevaux, et m'étais mis en campagne avec les *Commentaires* de César et quelques chemises pour tout bagage. Certain jour, errant dans la partie élevée de la plaine de Cachena, harassé de fatigue, mourant de soif, brûlé par un soleil de plomb, je donnais au diable de bon cœur César et les fils de Pompée, lorsque j'aperçus, assez loin du sentier que je suivais, une petite pelouse verte parsemée de joncs et de roseaux. Cela m'annonçait le voisinage d'une source. En effet, en m'approchant, je vis que la prétendue pelouse était un marécage où se perdait un ruisseau, sortant, comme il semblait, d'une gorge étroite entre deux hauts contreforts de la sierra de Cabra. Je conclus qu'en remontant je trouverais de l'eau plus fraîche, moins de sangsues et de grenouilles, et peut-être un peu d'ombre au milieu des rochers. À l'entrée de la gorge, mon cheval hennit, et un autre cheval, que je ne voyais pas, lui répondit aussitôt. À peine eus-je fait une centaine de pas, que la gorge, s'élargissant tout à coup, me montra une espèce de cirque naturel parfaitement ombragé par la hauteur des escarpements qui l'entouraient. Il était impossible de rencontrer un lieu qui promît au voyageur une halte plus agréable. Au pied des rochers à pic, la source s'élançait en bouillonnant, et tombait dans un petit bassin tapissé d'un sable blanc comme la neige. Cinq à six beaux chênes verts, toujours à l'abri du vent et rafraîchis par la source, s'élevaient sur ses bords, et la couvraient de leur épais ombrage ; enfin, autour du bassin, une herbe fine, lustrée, offrait un lit meilleur qu'on n'en eût trouvé dans aucune auberge à dix lieues à la ronde.

Prosper Mérimée (1803-1870),
Carmen (1890)

L'étalon

L'ombre d'un grand nuage blanc
Circule au loin, de plaine en plaine ;
Un vent du sud, torpide et lent,
Remue à peine
Les barbes des épis et les feuilles des frênes ;
Lorsque, soudain, rompant d'un bond
Sa chaîne,
S'enfuit, de la ferme prochaine,
Un étalon.

Ses sabots noirs cassent les pierres
Et les cailloux des chemins clairs ;
On voit luire les quatre fers
De son galop dans la lumière.

Son corps torride de soleil
Tangue et tangue parmi la masse
Des avoines et des méteils ;
Son souffle ardent brûle l'espace.

Les cavales le voient venir
À travers champs, taillis, venelles,
Et l'écoutent de loin hennir,
Crier et haleter vers elles.

Le rut en feu court sur leur peau.
Leur cou se tend le long des haies ;
Tandis que lui, le corps en plaies,
Franchit fossés, barrière, enclos,

Et longuement promène au centre
Du troupeau moite et pantelant,
Tel un roi rouge et violent,
L'orage énorme de son ventre.

Émile Verhaeren (1803-1870),
Toute la Flandre (1904)

Cheval mon ami

Animal mythique, animal emblème
de la poésie, archétype animal
de la beauté parfaite, le cheval est
à la racine de l'histoire des hommes
dont il fut le plus fort et le plus
courageux compagnon, qu'il servit
et dont il sut partager les dangers,
les triomphes et les peines.

A. De Montbrison

LE FILS DU DÉSERT AIME
LE CHEVAL DAVANTAGE
QUE SON ÉPOUSE, QUE SES FILS,
VOIRE PLUS QUE LUI-MÊME.

ARMINIUS VAMBÉRY

Si nous tombons,
mon cheval et moi,
relevez d'abord mon cheval.

Philippe IV d'Espagne

Le cheval de Roland entendit ces paroles,
Leva la tête et dit à l'enfant : C'est bien, roi.
L'orphelin remonta sur le blanc palefroi,
Et rentra dans la ville au son joyeux des cloches.

Victor Hugo

Je plains un homme sans vache,
Je plains un homme sans mouton,
Mais pour ce qui est d'un homme sans cheval
Comment pourrait-il rester longtemps au monde ?

John Millington Synge

Quel est mon titre pour présenter au public un traité d'équitation ? Aucun, sinon d'avoir aimé le cheval passionnément, et malheureusement, ayant jamais eu le loisir de faire de véritables progrès dans cet art. C'en est un et si délicat, si réfléchi !

Paul Bourget

Équitation et équité, c'est la même chose. (...) Il ne faut pas se faire craindre, il faut se faire respecter. Laisse-la, ta cravache.

Paul Morand

Avoir toujours présent à l'esprit pendant toute la durée du dressage cette maxime du général Lhotte :

CALME, EN AVANT ET DROIT.

Colonel Jousseaume

Ne jamais demander au cheval un mouvement pour lequel il n'est pas préparé. En effet, on se heurterait alors à une incompréhension ou à une difficulté physique exagérée.

Colonel Jousseaume

Le cheval doit trouver aisance et agrément dans la domination du cavalier.

Paul Morand

Quand Abel s'entretient de chevaux avec Georges

Il était onze heures du matin. Je descendais la rue Bellechasse, et je riais encore de la boutade de M. Alphonse Daudet contre le cheval au moment où je tournai dans la rue de Grenelle. Soudain, je me rappelai fort à propos que M. Abel Hermant habitait au numéro 15 de cette rue, et l'idée me vint aussitôt de monter chez lui. « L'auteur du Cavalier Miserey, pensai-je, saura me dire, lui, si vraiment le cheval est un farceur et s'il mérite tant que cela la rancune de Daudet. » Et je me souvins des pages poignantes qui relatent la crevaison de Dallas, la nuit, dans la cour de la caserne du 21e Chasseurs.

M. Abel Hermant voulut bien me recevoir. Il était souffrant et me demanda la permission de rester étendu sur un divan parallèle à sa table de travail. Sur cette table, la première chose qui frappa mon regard fut un sabot de cheval ferré d'argent ; il était posé sur une liasse en guise de presse-papiers.

– C'est le sabot de Dallas, me dit M. Abel Hermant. Souvenir du régiment.

Du sabot de Dallas à l'objet particulier de ma visite, la transition s'offrait facile, et le jeune romancier fut tout de suite au courant de ce que j'espérais de lui.

– Un farceur, le cheval ? fit-il. Hum ! il faudrait d'abord le supposer plus intelligent qu'il ne l'est ; mais je ne discuterai pas cette impression de M. Daudet, et je vous dirai que le cheval est, après tout, le seul animal qui m'intéresse véritablement. C'est qu'en effet, c'est aussi le seul animal avec qui on puisse faire corps. D'autres animaux, certes, sont plus intelligents que lui, – le chien, par exemple, – mais ils gardent un certain à-part, et restent bien individuels, tandis que nous avons sur le cheval une action, il est vrai toute mécanique, mais à laquelle, en somme, nous avons le plaisir de sentir qu'il répond. S'il n'est pas d'une intelligence très élevée, le cheval est d'une nervosité tout à fait féminine ; – il faut, bien entendu, s'adresser à des races de choix. Et puis, aucun autre animal ne nous donne comme lui cette sensation de possession : le cheval, on le tient avec les jambes, on lui parle avec les mains…

– Quel genre préférez-vous ?

– Oh ! je n'aime pas ceux qui font des tours de force, ceux de haute école. J'aime le cheval qui a un certain laisser-aller, qu'on a bien dans la main, et auquel on ne demande rien que le développement de ses moyens.

– Au point de vue sentimental… ?

– Je ne crois pas que cette bête soit capable d'une grande tendresse pour celui qui la nourrit et qui la panse. Mais l'homme peut très bien s'éprendre du cheval, justement en raison de cette sensation de possession dont je viens de vous parler. C'est le cas du cheval de régiment, et du cheval arabe, qui fait partie de la famille. Le cheval reconnaît surtout celui qui a l'habitude de le monter. J'avais, à la campagne, une jument pur-sang qui ne se laissait monter que par moi et par un de mes amis : elle jetait infailliblement par terre toute autre personne qui osait l'enfourcher. Je comprends que les hommes de cheval aiment beaucoup leur monture, car c'est là une des affections les plus égoïstes qu'on puisse avoir. On aime beaucoup son cheval parce qu'il vous donne du plaisir et aussi l'illusion que ce plaisir est partagé, alors qu'il est surtout personnel. Un vrai homme de cheval affectera d'aimer à se promener seul avec sa bête, pour causer avec elle ; mais le plaisir du grand air et du galop est, au bout du compte, beaucoup plus fort que le plaisir de l'amitié chevaline. Pour ma part, j'aime le cheval parce qu'il est un animal de luxe – pratique.

– N'a-t-il aucun discernement ?

– Oh ! je ne lui prête que des facultés brutales. L'âne, tenez, serait moins bête que lui, bienque plus entêté. Quelque répugnance qu'éprouve un cheval à se laisser monter par un étranger, on finira toujours par le mater, tandis que les petits ânes du Caire, dans une circonstance analogue, préféreront se laisser rouer de coups.

Georges Docquois,
interview d'Abel Hermant,
in Georges Docquois (1863-1927),
Bêtes et gens de lettres (1895)

Le favori de la maison de force

Le cheval bai devint bientôt le favori de la maison de force ; tout insensibles que fussent nos forçats, ils venaient souvent le caresser. Quelquefois, quand Romane, de retour de la rivière, fermait la grande porte que venait de lui ouvrir le sous-officier, Gniedko restait immobile à attendre son conducteur, qu'il regardait de côté.
– Va tout seul !
lui criait Romane, et Gniedko s'en allait tranquillement jusqu'à la cuisine où il s'arrêtait, attendant que les cuisiniers et les garçons de chambre vinssent puiser l'eau avec des seaux.
– Quel gaillard que notre Gniedko !
lui criait-on, il a amené tout seul son tonneau ! Il obéit, que c'est un vrai plaisir !...
– C'est vrai ! Ce n'est qu'un animal et il comprend tout qu'on lui dit.
– Un crâne de cheval que ce Gniedko !
Le cheval secouait alors la tête et s'ébrouait comme s'il eût entendu et apprécié les louanges ; quelqu'un lui apportait du pain et du sel ; quand il avait fini, il secouait de nouveau sa tête comme pour dire :
– Je te connais, je te connais ! Je suis un bon cheval, et tu es un brave homme !
J'aimais aussi à régaler Gniedko de pain. Je trouvais du plaisir à regarder son joli museau et à sentir dans la paume de ma main ses lèvres chaudes et molles, qui happaient avidement mon offrande.

Fédor Dostoïewski (1821-1881),
Souvenirs de la maison des morts (1860),
traduction de Charles Neyroud, 1886

« La plus noble conquête que l'homme ait jamais faite »

La plus noble conquête que l'homme ait jamais faite est celle de ce fier et fougueux animal qui partage avec lui les fatigues de la guerre et la gloire des combats ; aussi intrépide que son maître, le cheval voit le péril et l'affronte, il se fait au bruit des armes, il l'aime, il le cherche et s'anime de la même ardeur ; il partage aussi ses plaisirs, à la chasse, aux tournois, à la course, il brille, il étincelle ; mais docile autant que courageux, il ne se laisse point emporter à son feu, il sait réprimer ses mouvements, non seulement il fléchit sous la main de celui qui le guide, mais il semble consulter ses désirs, et obéissant toujours aux impressions qu'il en reçoit, il se précipite, se modère ou s'arrête, et n'agit que pour y satisfaire ; c'est une créature qui renonce à son être pour n'exister que par la volonté d'un autre, qui sait même la prévenir, qui par la promptitude et la précision de ses mouvements l'exprime et l'exécute, qui sent autant qu'on le désire, et ne rend qu'autant qu'on veut, qui se livrant sans réserve, ne se refuse à rien, sert de toutes ses forces, s'excède et même meurt pour mieux obéir.
Voilà le cheval dont les talents sont développés, dont l'art a perfectionné les qualités naturelles, qui dès le premier âge a été soigné et ensuite exercé, dressé au service de l'homme ; c'est par la perte de sa liberté que commence son éducation, et c'est par la contrainte qu'elle s'achève : l'esclavage ou la domesticité de ces animaux est même si universelle, si ancienne, que nous ne les voyons que rarement dans leur état naturel, ils sont toujours couverts de harnois dans leurs travaux, on ne les délivre jamais de tous leurs liens, même dans les temps du repos, et si on les laisse quelquefois errer en liberté dans les pâturages, ils y portent toujours les marques de la servitude, et souvent les empreintes cruelles du travail et de la douleur ; la bouche est déformée par les plis que le mors a produits, les flancs sont entamés par des plaies, ou sillonnés de cicatrices faites par l'éperon ; la corne des pieds est traversée par des clous, l'attitude du corps est encore gênée par l'impression subsistante des entraves habituelles, on les en délivrerait en vain, ils n'en seraient pas plus libres ; ceux même dont l'esclavage est le plus doux, qu'on ne nourrit, qu'on n'entretient que pour le luxe et la magnificence, et dont les chaînes dorées servent moins à leur parure qu'à la vanité de leur maître, sont encore plus déshonorés par l'élégance de leur toupet, par les tresses de leurs crins, par l'or et la soie dont on les couvre, que par les fers qui sont sous leurs pieds.

Buffon (1707-1788),
Histoire naturelle, 1749-1789

Le cheval

Il n'est pas beau, mon cheval. Il a trop de nœuds et de salières, les côtes plates, une queue de rat et des incisives d'Anglaise. Mais il m'attendrit.
Je n'en reviens pas qu'il reste à mon service et se laisse, sans révolte, tourner et retourner.
Chaque fois que je l'attelle, je m'attends qu'il me dise : non, d'un signe brusque, et détale.
Point. Il baisse et lève sa grosse tête comme pour remettre un chapeau d'aplomb, recule avec docilité entre les brancards.
Aussi je ne lui ménage ni l'avoine ni le maïs.
Je le brosse jusqu'à ce que le poil brille comme une cerise.
Je peigne sa crinière, je tresse sa queue maigre.
Je le flatte de la main et de la voix. J'éponge ses yeux, je cire ses pieds.
Est-ce que ça le touche ?
On ne sait pas.
Il pète.
C'est surtout quand il me promène en voiture que je l'admire. Je le fouette et il accélère son allure. Je l'arrête et il m'arrête. Je tire la guide à gauche et il oblique à gauche, au lieu d'aller à droite et de me jeter dans le fossé avec des coups de sabots quelque part.
Il me fait peur, il me fait honte et il me fait pitié.
Est-ce qu'il ne va pas bientôt se réveiller de son demi sommeil, et, prenant d'autorité ma place, me réduire à la sienne ?
À quoi pense-t-il ?
Il pète, pète, pète.

Jules Renard (1864-1910),
Histoires Naturelles (1896)

Au cheval

Si le passé se reconstruit
Dans toute son horreur première,
Si l'abîme fait de la nuit,
Ô cheval, fais de la lumière.

Tu n'as pas pour rien quatre fers.
Galope sur l'ombre insondable ;
Qu'un rejaillissement d'éclairs
Soit ton annonce formidable.

Traverse tout, enfers, tombeaux,
Précipices, néants, mensonges,
Et qu'on entende tes sabots
Sonner sur le plafond des songes.
Comme sur l'enclume un forgeur,
Sur les brumes universelles
Abats-toi, fauve voyageur,
Ô puissant faiseur d'étincelles !

Sers les hommes en les fuyant.
Au-dessus de leurs fronts funèbres,
Si le zénith reste effrayant,
Si le ciel s'obstine aux ténèbres,

Si l'espace est une forêt,
S'il fait nuit comme dans les bibles,
Si pas un rayon ne paraît,
Toi, de tes quatre pieds terribles,

Faisant subitement tout voir,
Malgré l'ombre, malgré les voiles,
Envoie à ce fatal ciel noir
Une éclaboussure d'étoiles.

Victor Hugo (1802-1885),
Les Chansons des rues et des bois (1865)

Comment fut créée Bucéphalie

Porus avait, s'il en faut croire la plupart des historiens, quatre coudées et une spithame de haut ; la taille et la grosseur du cavalier répondaient à celles de l'éléphant qu'il montait, et qui était le plus grand de l'armée. Cet éléphant montra en cette occasion une étonnante intelligence, et une sollicitude admirable pour la personne du roi : tant que Porus conserva ses forces, il le défendit avec courage, repoussant et renversant tous les assaillants ; mais, lorsqu'il sentit que Porus, couvert de dards et de blessures, s'affaiblissait peu à peu, alors, dans la crainte qu'il ne tombât, il plia les genoux, se laissa aller doucement à terre, et, avec sa trompe, il lui arracha les dards l'un après l'autre. Porus fut pris ; et Alexandre lui demanda comment il voulait être traité. « En roi, répondit Porus. – Ne veux-tu rien de plus ? lui dit Alexandre. – Tout est compris dans ce mot, » répliqua Porus. Alexandre ne se borna pas à lui rendre son ancien royaume, sous le titre de satrape : il y ajouta plusieurs autres pays ; il subjugua les peuples libres de ces contrées, qui formaient, dit-on, quinze nations différentes, possédant cinq mille villes considérables avec un nombre infini de villages, et il les mit sous la domination de Porus. Alexandre conquit un autre pays trois fois plus grand, dont il nomma satrape Philippe, un de ses amis. Bucéphale fut percé de coups dans la bataille contre Porus, et mourut peu de temps après, comme on le traitait des blessures qu'il avait reçues. C'est ce que disent la plupart des historiens ; mais, au rapport d'Onésicritus, il mourut de fatigue et de vieillesse ; car il avait trente ans. Alexandre le regretta vivement, comme s'il eût perdu un ami, un compagnon fidèle. Il bâtit en son honneur, sur les bords de l'Hydaspe, une ville qu'il appela Bucéphalie.

Plutarque (45 après J.-C.–101),
Vie des hommes illustres, vie d'Alexandre, (101 après J.-C.),
Traduction d'Alexis Pierron (1853)

DRAWN BY A. CASTAIGNE.

THE TAMING OF BUCEPHALUS. (SEE PAGE 13.)

« Un vaste et profond amour »

Il y a des gens qui adorent les chiens, et qui en font la passion de leur vie, des vieilles filles qui s'énamourent de kakatoès au plumage aveuglant ; des poètes, comme Baudelaire, chérissant les angoras fourrés ; moi, j'ai toujours eu pour le cheval un vaste et profond amour. Comme l'écrivain aux manchettes, je ne suis pas éloigné de croire que ce soit la plus noble conquête que l'homme ait jamais faite. Il réunit en lui toutes les beautés des autres animaux. Du chien il a l'intelligence et la tendresse, moins la rage ; du chat la souplesse et l'agilité, moins les griffes et le caractère lubrique ; il a les pieds du cerf, la patience du bœuf, l'œil doux de la gazelle, et la crinière du lion.

Henri Lavedan (1859-1940), *Symphonie du cheval,*
préface à l'ouvrage de Louis Vallet (1856-1940),
Le chic à cheval, histoire pittoresque de l'équitation (1891)

Le cheval

comme un rêve

Mon cheval arrêté sous l'arbre qui roucoule,
Je siffle un sifflement si pur
Qu'il n'est promesses à leurs rives
Que tiennent tous ces fleuves.

Saint-John Perse

Trois chevaux avaient peur du vent,
L'un était noir, l'autre était blanc,
Et quand passaient les ouragans
Sur les béquilles d'un tambour
Ils s'enfermaient à double tour...

Georges Neveux

Tout cheval de selle doit être rendu :
1° – facile et agréable à monter
2° – régulier dans ses allures
3° – docile, franc
4° – aussi brillant que le comporte son ensemble.

Capitaine Beudant

Les cnémides d'or brillaient aux jambes des soldats ;
les chevaux, eux aussi, portaient des harnachements
et des cuirasses d'or, et, pour conduire le sien,
le chef fermait un poing sur des rênes d'argent.

Émile Henriot

Ce cheval qui tourna la tête
Vit ce que nul n'a jamais vu
Puis il continua de paître
A l'ombre des eucalyptus.

Jules Supervielle

Ce sommeil ne dura pas longtemps :
Elle fut réveillée vers minuit.
Devant elle, se tenait debout
le cheval mort, tout rayonnant,
plein de vie, ses yeux et la blessure
de son cou flamboyant.

Hans-Christian Andersen

Cheval du Moyen Âge caparaçonné de fer et d'acier aux tournois,
costumé de soie et de velours à la chasse aux faucons,
aimé des suzerains, choyé des pages, caressé des reines.

Henri Lavedan

Le cheval

Mes durs rêves formels sauront te chevaucher,
Mon destin au char d'or sera ton beau cocher
Qui pour rênes tiendra tendus à frénésie,
Mes vers, les parangons de toute poésie.

Guillaume Apollinaire (1880-1918),
Le Bestiaire, ou Cortège d'Orphée (1911)

La Plata
A Ruben Dario

Ni les attraits des plus aimables Argentines,
Ni les courses à cheval dans la pampa,
N'ont le pouvoir de distraire de son spleen
Le consul général de France à la Plata !

On raconte tout bas l'histoire du pauvre homme :
Sa vie fut traversée d'un fatal amour,
Et il prit la funeste manie de l'opium ;
Il occupait alors le poste de Singapoore…

Il aime à galoper par nos plaines amères,
Il jalouse la vie sauvage du gaucho,
Puis il retourne vers son palais consulaire,
Et sa tristesse le drape comme un poncho…

Il ne s'aperçoit pas, je n'en suis que trop sûre,
Que Lolita Valdez le regarde en souriant,
Malgré sa tempe qui grisonne, et sa figure
Ravagée par les fièvres d'Extrême-Orient.

Henry J. M. Levet (1874-1906),
Cartes postales (1920)

À Saint-Cirq-Lapopie

Beau cheval suspendu à la pente du mont,
Dans l'équilibre altier de tes quatre sabots,
Plus hauts que les carrés tranquilles des maisons,
Sur les rochers où vont les chèvres, tout là-haut,

Je t'ai vu dessiné d'un sûr et noble trait,
Mais si proche du ciel où fuyaient les nuages,
Qu'il m'a semblé soudain que comme eux tu volais,
Emporté dans le vent de leur galop sauvage.

Jean Monteil (né en 1867), *Le Mât de Cocagne*,
cité dans l'Anthologie des poètes quercynois contemporains,
Revue Quercy, Cahors 1943

« La lumière éteinte »

La lumière éteinte, quand, par hasard, je ne choisis pas le petit cheval vert et le petit homme rouge, les deux plus familières et brutales de mes créatures hypotoniques, je me sers inévitablement de mes autres représentations pour compliquer, illuminer et mêler à mon sommeil mes dernières illusions de jeunesse et mes aspirations sentimentales.

Paul Éluard (1895-1953),
La Rose publique (1934)

« Ce n'était pas une reine, une reine et son train »

Ce n'était pas une reine, une reine et son train,
Galopant noblement sur sa blanche cavale,
Et qui, dans les grands bois, soulève jusqu'aux branches
Toute la poussière du chemin.

Noblement galopant sur sa cavale blanche,
Ce n'était pas une reine avec dames et varlets
Qui, d'un mot de sa bouche et seulement d'un coup d'œil,
Vous fait le visage rouge ou pâle.

Ce n'était qu'une enfant sur un âne gris,
Qui, le long d'un sentier, s'en allait tout doucement,
Et pour la première fois je voyais la petite jeune fille
Qui, bien sûr, ne m'avait jamais vu.

C'était vers la Fontaine-des-Prés qu'elle venait ; il se trouve
Que le chemin était trop étroit pour que nous passions tous les deux,
Alors la fillette dit : « Jeune homme, prenez garde,
L'âne rue ! » Et elle me rit au nez.

Théodore Aubanel (1829-1886),
La grenade entr'ouverte (1860)

Chevaux en fête

Le roi (Louis XV) est parti le 22 de mois de Lille, pour se rendre à Warwick ; les quartiers de sa maison étaient restés à Lille ; à mesure qu'ils étaient arrivés le roi vint à cheval ; les mousquetaires noirs faisaient l'avant-garde, ensuite les mousquetaires gris ; les chevaux légers marchaient immédiatement avant le roi ; les gardes du corps après le roi, et les gendarmes faisaient l'arrière-garde ; le chemin était bordé de peuples qui avaient balayé le chemin et jeté des fleurs et des feuillages et criaient : Vive le roi !

Extrait d'une lettre de M. de Vezanne, en date du 24 mai 1744, écrite au camp de Warwick.

« Où s'en vont-ils, de ce galop insensé ? »

« Nos chevaux, le cou tendu… »

Mario et moi nous longions la grève. Nos chevaux, le cou tendu, fendaient les membranes de l'espace, et arrachaient des étincelles aux galets de la plage. La bise, qui nous frappait en plein visage, s'engouffrait dans nos manteaux, et faisait voltiger en arrière les cheveux de nos têtes jumelles. La mouette, par ses cris et ses mouvements d'aile, s'efforçait en vain de nous avertir de la proximité possible de la tempête, et s'écriait : « Où s'en vont-ils, de ce galop insensé ? » Nous ne disions rien ; plongés dans la rêverie, nous nous laissions emporter sur les ailes de cette course furieuse ; le pêcheur, nous voyant passer, rapides comme l'albatros, et croyant apercevoir, fuyant devant lui, les deux frères mystérieux, comme on les avait ainsi appelés, parce qu'ils étaient toujours ensemble, s'empressait de faire le signe de la croix, et se cachait, avec son chien paralysé, sous quelque roche profonde.
Les habitants de la côte avaient entendu raconter des choses étranges sur ces deux personnages, qui apparaissaient sur la terre, au milieu des nuages, aux grandes époques de calamité, quand une guerre affreuse menaçait de planter son harpon sur la poitrine de deux pays ennemis, ou que le choléra s'apprêtait à lancer, avec sa fronde, la pourriture et la mort dans des cités entières. Les plus vieux pilleurs d'épaves fronçaient le sourcil, d'un air grave, affirmant que les deux fantômes, dont chacun avait remarqué la vaste envergure des ailes noires, pendant les ouragans, au-dessus des bancs de sable et des écueils, étaient le génie de la terre et le génie de la mer, qui promenaient leur majesté, au milieu des airs, pendant les grandes révolutions de la nature, unis ensemble par une amitié éternelle, dont la rareté et la gloire ont enfanté l'étonnement du câble indéfini des générations.

Lautréamont (1846-1870),
Les Chants de Maldoror (1870)

Une fantasia arabe

Vers dix heures, sous le ciel toujours gris, dans la campagne toujours verte et sauvage, nous apercevons là-bas devant nous une ligne immobile de bonshommes à cheval, postés pour nous attendre. C'est que nous allons changer de territoire, et tous les hommes de la tribu chez laquelle nous arrivons se tiennent sous les armes, caïd en tête, pour nous recevoir. Ainsi qu'il est d'usage pour les ambassades qui passent, ils nous feront escorte à travers leur pays, et les autres, venus de Tanger, s'en retourneront. Oh ! Les étranges cavaliers, vus au repos et dans le lointain ! Sur leurs petits chevaux maigres, sur leurs hautes selles à fauteuil, on dirait des vieilles femmes enveloppées de longs voiles blancs, des vieilles poupées à figure noire, des vieilles momies. Ils tiennent en main de très longs bâtons minces recouverts de cuivre brillant, – qui sont des canons de fusil – ; bêtes, traînent comme des châles. On s'approche et, brusquement, à un signal, à un commandement jeté d'une voix rauque, tout cela se disperse, essaime comme un vol d'abeilles, gambade avec des cliquetis d'armes, en poussant des cris. Leurs chevaux, éperonnés, se cabrent, sautent, galopent comme des gazelles effarées, queue au vent, crinière au vent, bondissant sur les rochers, sur les pierres. Et, du même coup, les vieilles poupées ont pris vie, sont devenues superbes aussi, sont devenues des hommes sveltes et agiles, à beau visage farouche, debout sur de grands étriers argentés. Et tous les burnous blancs qui les empaquetaient se sont envolés, flottent maintenant avec une grâce exquise, découvrant des robes de dessous en drap rouge, en drap orange, en drap vert, et des selles qui ont des tapis de soie rose, de soie jaune ou de soie bleue à broderies d'or. Et les beaux bras nus des cavaliers, fauves comme du bronze, sortent des manches larges relevées jusqu'aux épaules, brandissant en l'air, pendant la course folle, les longs fusils de cuivre qui semblent devenus légers comme des roseaux C'est une première fantasia de bienvenue, pour nous faire honneur.

Pierre Loti (1850-1923),
Au Maroc (1890)

Le cheval autrement

La plus noble conquête du cheval, c'est la femme.

Alfred Jarry

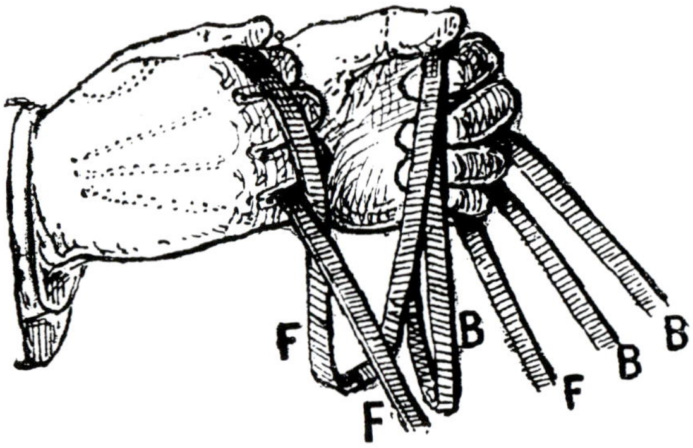

Oui, au voyageur moderne, sa valise en somme reste comme un reste de cheval.

Francis Ponge

L'époque qui succédera (le XIXe siècle) fera à jamais éclater la victoire du cheval. (Dans le domaine de la peinture). Les chevaux envahissent les Salons. Le peintre d'histoire ne sera plus qu'un peintre de cavalerie. Louis David et le père Ingres sont démodés, qui ne veulent s'occuper que de l'humain.

Jean de la Varende

Quand les chevaux du Temps
s'arrêtent à ma porte
Je ne puis m'empêcher
de les regarder boire
Puisque c'est de mon sang
qu'ils étanchent leur soif.

Jules Supervielle

La plus noble conquête de l'homme, c'est le cheval, dit le président, et s'il n'en reste qu'un, je serai celui-là.

Jacques Prévert

Un de mes amis, cavalier, me dit que le cheval n'est pas intelligent ; il a seulement beaucoup de mémoire.

Jean Giono

Le cheval est le seul animal que je connaisse dans lequel on peut planter des clous.

Jules Renard

Le cheval, comme le vélo, se manœuvre par les pieds.

Alessandro Alvisi

UN CHEVAL NE VA PAS TOUT SEUL DANS LES BRANCARDS.

PICASSO

On prétend que le cheval est un animal de luxe. Il ne s'habille pourtant qu'avec des bretelles.

Gabriel Timmory

Le cheval de Troie

Brisés par la guerre et refoulés par les destins, après tant d'années écoulées, sous la divine
inspiration de Pallas, les chefs de Grecs fabriquent un cheval haut comme une montagne.
Ses flancs sont formés de branches de sapins. C'est, prétendent-ils, une offrande à la déesse
pour un retour heureux ; c'est le bruit qui court.
Secrètement, une élite de guerriers tirés au sort s'enferme dans les flancs ténébreux ; et le ventre
du monstre jusqu'au fond de ses énormes cavités se remplit de soldats armés. Du rivage troyen
on aperçoit Ténédos, une île très fameuse, et qui fut opulente aussi longtemps que subsista le royaume
de Priam : elle n'est plus maintenant qu'une simple baie et un port peu sûr pour les navires.
C'est là, sur un rivage solitaire, que les Grecs se retirent et se cachent. Nous, nous pensions
qu'ils étaient partis et que le vent les reconduisait à Mycènes. Toute la Troade se libère de la longue
et lugubre oppression : on ouvre les portes ; c'est une joie de sortir, de visiter le camp des Grecs,
son emplacement désert, le rivage abandonné. Ici, campaient les Dolopes ; là, le cruel Achille
avait planté sa tente ; ici, c'était l'endroit réservé à la flotte ; c'était là qu'ils avaient pour habitude
de s'entraîner au combat.
Certains sont stupéfaits devant le présent à la vierge Minerve et qui devait être si funeste pour nous,
ils s'étonnent des dimensions du cheval. Le premier, Thymétès nous exhorte à l'introduire dans nos murs
et à l'installer dans la citadelle. Était-ce une fourberie de sa part ou le destin de Troie le voulait-il ainsi ?
Mais Capys et ceux dont l'esprit est plus clairvoyant nous pressent de jeter à la mer ce douteux présent
des Grecs - sans doute un piège - ou de le brûler en allumant dessous un grand feu, ou d'en percer
les flancs et d'en explorer les secrètes profondeurs. Le peuple incertain se partage en avis contraires. (...)
On crie qu'il faut introduire le cheval dans le temple de Minerve et supplier la puissante divinité.
Nous faisons une brèche à nos remparts ; nous ouvrons l'enceinte de la ville. Tous s'attellent à l'ouvrage.
On met sous les pieds du colosse des roues glissantes ; à son cou, on tend des cordes de chanvre.
La fatale machine franchit nos murs, remplie d'hommes et d'armes. Tout autour, de jeunes garçons
et des jeunes filles chantent des hymnes sacrés, joyeux de toucher au câble qui la traîne. Elle s'avance,
elle glisse, menaçante, jusqu'au cœur de la ville.
Ô patrie, ô Ilion, demeure des dieux, remparts dardaniens illustrés par la guerre ! Quatre fois le cheval
heurta le seuil de la porte, et quatre fois son ventre rendit un bruit d'armes. Cependant nous continuons,
sans nous y arrêter, aveuglés par notre folie, et nous plaçons dans le haut sanctuaire ce monstre
de malheur.
Même alors la catastrophe qui venait s'annonça par la bouche de Cassandre ; mais un dieu avait défendu
aux Troyens de jamais croire Cassandre ; et, malheureux pour qui le dernier jour avait lui, nous ornons
par toute la ville les temples des dieux d'un feuillage de fête.
Cependant le ciel tourne et la nuit s'élance de l'Océan, enveloppant de sa grande ombre la terre,
le ciel et les ruses des Myrmidons. Répandus dans l'enceinte de leurs murailles, les Troyens se sont tus
et le sommeil presse leurs membres las. (...)
Le cheval qui s'ouvre les rend à l'air libre, et de ses cavernes de bois sortent joyeusement,
en se laissant glisser le long d'une corde, avant tous les autres, les chefs Thessandrus et Sthénélus,
le féroce Ulysse, Acamas et Thoas, le petit-fils de Pelée Néoptolème, Machaon et Ménélas
et l'inventeur de cette embûche, Epéus.
Ils envahissent la ville, ensevelie dans le sommeil et le vin : les sentinelles sont égorgées ;
les portes, ouvertes ; ils y reçoivent leurs compagnons et rassemblent les troupes complices.

Virgile (70 avant J.-C. -19 J.-C.),
Énéide, traduction de l'auteur

Vision

Or, j'ai la vision d'ombres sanguinolentes
Et de chevaux fougueux piaffants,
Et c'est comme des cris de gueux, hoquets d'enfants
Râles d'expirations lentes.
D'où me viennent, dis-moi, tous les ouragans rauques.
Rages de fifre ou de tambour ?
On dirait des dragons en galopade au bourg.
Avec des casques flambant glauques .

Émile Nelligan (1879-1941),
Poésies complètes (1898)

L'éducation d'un chevalier

Il alla tant sur son destrier qu'il arriva dans une vallée où coulait un fleuve plus courant que la Loire ; et là, sur un rocher, au bord de l'eau, s'élevait un fort château. Un prud'homme, vêtu d'une robe d'hermine, s'ébattait sur le pont-levis avec deux damoiseaux, tenant par contenance un bâtonnet à la main. Perceval vint à lui et le salua de son mieux.

– Sire, dit-il ensuite, ainsi m'enseigna ma mère.

– Dieu te bénisse, beau-frère ! répondit le prud'homme qui vit bien sa simplicité. D'où viens-tu ?

– De la cour du roi Artus, qui m'a fait nouveau chevalier.

– Chevalier ? Mais ces armes, qui t'en fit don ?

– Le roi.

Et Perceval conta comment il les avait eues.

– Ha ! Et que sais-tu faire de ton destrier ? continua le prud'homme.

– Tout ! Je sais le faire courir aussi bien que mon petit cheval de chasse, que ma mère m'avait donné à la maison.

– Et vos armes, bel ami, savez-vous vous en servir ?

– Certes ! Je sais les mettre et les ôter ; et je les porte si aisément qu'elles ne me gênent pas du tout.

– Mais quel soin vous amène par ici ?

– Sire, ma mère m'a enseigné d'aller vers les prud'hommes où qu'ils fussent, et de croire tout ce qu'ils me diraient : quand je vous ai vu, je suis venu.

– Eh bien, bel ami, descendez !

L'un des deux valets prit le destrier, et l'autre désarma Perceval, de manière qu'il demeura vêtu de ses grossiers habits à la mode de Galles. Alors le prud'homme se fit chausser les éperons tranchants, monta sur le cheval, empoigna la lance. Puis il montra au damoisel comment on doit tenir l'écu par les poignées et s'en couvrir jusqu'au cou du destrier, déployer l'enseigne, mettre la lance sur le feutre, et, brochant des éperons, il fit un galop d'essai, puis revint l'arme basse. Et Perceval émerveillé s'écria qu'il ne désirait pas tant de vivre un jour de plus ou d'avoir tous les trésors du monde, que de savoir faire cela.

– Ce qu'on ignore, on peut s'en instruire, beau doux ami, dit le prud'homme. Et vous n'êtes pas à blâmer, car à tout métier il faut apprentissage. Je vous enseignerai, si vous voulez.

Le valet consentit avec joie, et chaque jour, durant six mois, le prud'homme lui fit porter l'écu, pointer la lance, frapper de l'épée : et comme tout cela lui venait de Nature, Perceval en sut bientôt autant que s'il eût passé sa vie à tournoyer et guerroyer. En même temps, son maître lui montra beaucoup des belles manières de cour. Mais, après ce temps, Perceval demanda son congé. Et voyant qu'il ne pouvait le retenir, le prud'homme lui fit cadeau d'une chemise, de braies, de chausses très riches et d'une cotte dont le drap venait de l'Inde ; puis il lui dit :

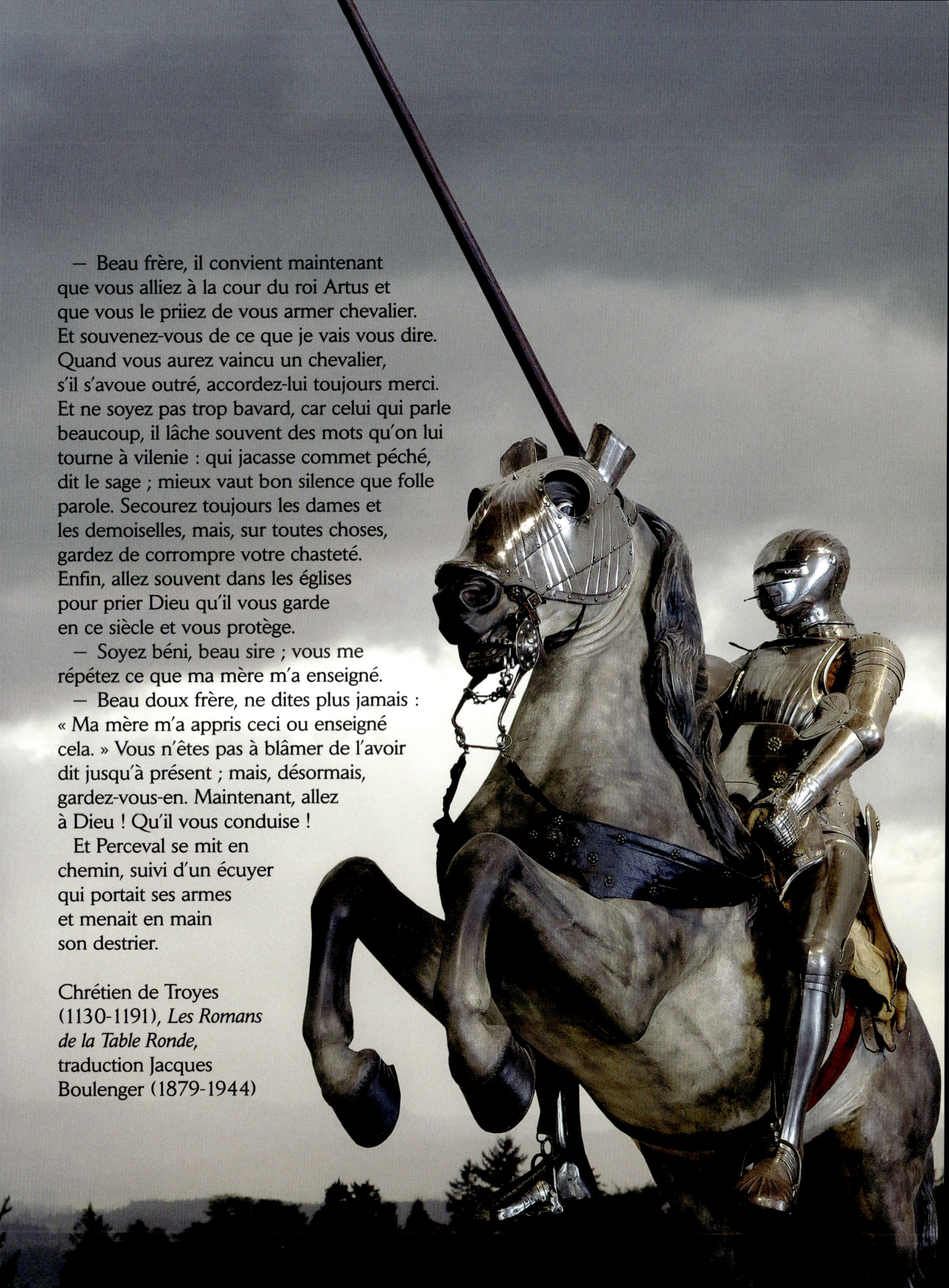

— Beau frère, il convient maintenant que vous alliez à la cour du roi Artus et que vous le priiez de vous armer chevalier. Et souvenez-vous de ce que je vais vous dire. Quand vous aurez vaincu un chevalier, s'il s'avoue outré, accordez-lui toujours merci. Et ne soyez pas trop bavard, car celui qui parle beaucoup, il lâche souvent des mots qu'on lui tourne à vilenie : qui jacasse commet péché, dit le sage ; mieux vaut bon silence que folle parole. Secourez toujours les dames et les demoiselles, mais, sur toutes choses, gardez de corrompre votre chasteté. Enfin, allez souvent dans les églises pour prier Dieu qu'il vous garde en ce siècle et vous protège.

— Soyez béni, beau sire ; vous me répétez ce que ma mère m'a enseigné.

— Beau doux frère, ne dites plus jamais : « Ma mère m'a appris ceci ou enseigné cela. » Vous n'êtes pas à blâmer de l'avoir dit jusqu'à présent ; mais, désormais, gardez-vous-en. Maintenant, allez à Dieu ! Qu'il vous conduise !

Et Perceval se mit en chemin, suivi d'un écuyer qui portait ses armes et menait en main son destrier.

Chrétien de Troyes
(1130-1191), *Les Romans de la Table Ronde*,
traduction Jacques
Boulenger (1879-1944)

Autour d'un fiacre

Un fiacre passait sur la place du Carrousel.
Une bonne vieille y passait aussi. C'était son droit !
Personne ne contestera ce droit !
Le fiacre était noir et jaune : il y avait écrit dessus : Camille.
Il peut arriver à tout le monde de s'appeler Camille !
Le cocher avait un ruban jaune à son chapeau, des passepoils jaunes, un filet jaune, des cheveux jaunes.
On a un uniforme ou on n'en a pas !
Le cheval aussi était jaune, de sa couleur naturelle.
On ne lui en fera pas un crime. Et puis, vous savez, des goûts et des couleurs…
La bonne vieille avait le teint jaune ; mais le teint ne fait rien à l'affaire !
Elle était sourde, c'est vrai ; mais un bon cœur fait pardonner bien des défauts !… Bref, les choses en étaient là quand le cheval se mit à trotter.
(Tout arrive ici-bas !)
Sur la, place, il n'y avait que le fiacre et la bonne vieille. Or cette place a cent trente-trois mètres en long et quatre-vingt-douze en large.
Ce n'était pas l'espace qui manquait : on ne dira pas le contraire.
(Je voudrais bien voir qu'on dise le contraire !)
Et, pourtant, le fiacre a écrasé la bonne vieille.
Après tout, me direz-vous, une femme de plus ou de moins !…
Je ne dis pas, mais cela n'en était pas moins fort désagréable pour le cocher !
Ça pouvait lui faire du tort !
Enfin, on lui a pardonné pour cette fois.
Du reste, à quoi bon le punir ?
S'il a écrasé une femme, est-ce une raison pour lui enlever son gagne-pain ?

Maurice Mac-Nab (1856-1889),
Monologues en prose (1890)

Chevaux d'enfance

Par Saint-Gilles
Viens-nous-en,
Mon agile
Alezan.

Victor Hugo

Méchant poulain
peut devenir bon cheval.

Dicton

Buffalo Bill est
Mort
Qui montait
Un étalon
Eau- Lisse- Argent.

Edward Eslin Cummings

Je me souviens du grand cheval
Qui promenait tête et crinière
Comme une grappe de lumière
Dans la nuit du pays natal.

René-Guy Cadou

Tu ne sais pas ce que je voudrais être ? dit Marinette (...)
Un cheval. Oui, j'aimerai bien être un cheval...
Naturellement, je serais un cheval blanc.

Marcel Aymé

J'aurai la fille du roi, disaient-ils
tous les deux, et à chacun
leur père donna un beau cheval ;
celui qui savait les dictionnaires
en eut un noir de charbon,
et celui qui était savant
en questions corporatives
et qui brodait en eut un blanc
comme lait, et ils se frottèrent
les commissures des lèvres
avec de l'huile de foie de morue
afin d'être plus agiles.

Hans-Christian Andersen

C'était pour elle un plaisir
de faire jaillir
de ses mains blanches
le sang fumant du cheval
offert en sacrifice.

Hans-Christian Andersen

Une grande jument morte
Qui galope dans mes nuits
Ce n'est pas un cauchemar
Mais un soupir de l'enfance.

Maurice Fombeure

Elle reçut pour berceau une coque de noix bien vernie ; pour matelas des feuilles de violette ; et pour couverture une feuille de rose. Elle y dormait pendant la nuit ; mais le jour elle jouait sur la table, où la femme plaçait une assiette remplie d'eau entourée d'une guirlande de fleurs. Dans cette assiette nageait une grande feuille de tulipe sur laquelle la petite Poucette pouvait s'asseoir et voguer d'un bord à l'autre, à l'aide de deux crins blancs de cheval qui lui servaient de rames.

Hans-Christian Andersen

Chevaux de bois

Tournez, tournez, bons chevaux de bois,
Tournez cent tours, tournez mille tours,
Tournez souvent et tournez toujours,
Tournez, tournez au son des hautbois.

Le gros soldat, la plus grosse bonne
Sont sur vos dos comme dans leur chambre ;
Car, en ce jour, au bois de la Cambre,
Les maîtres sont tous deux en personne.

Tournez, tournez, chevaux de leur cœur,
Tandis qu'autour de tous vos tournois
Clignote l'œil du filou sournois,
Tournez au son du piston vainqueur.

C'est ravissant comme ça vous soûle
D'aller ainsi dans ce cirque bête !
Bien dans le ventre et mal dans la tête,
Du mal en masse et du bien en foule.

Tournez, tournez, sans qu'il soit besoin
D'user jamais de nuls éperons
Pour commander à vos galops ronds,
Tournez, tournez, sans espoir de foin

Et dépêchez, chevaux de leur âme :
Déjà voici que la nuit qui tombe
Va réunir pigeon et colombe,
Loin de la foire et loin de madame.

Tournez, tournez ! le ciel en velours
D'astres en or se vêt lentement.
Voici partir l'amante et l'amant.
Tournez au son joyeux des tambours !

Champ de foire de Saint-Gilles, août 1872.
Paul Verlaine (1844-1896), *Romances sans paroles* (1874)

Le cheval du manège

Il y a un cheval devant.
Il y a un cheval derrière.

Et c'est mon cheval cependant
Qui est le premier du manège.

Il est blanc comme de la neige
Qui scintille sous la lumière.

Il a dans le flanc trois miroirs
Où je me penche pour me voir

Et une belle queue en bois
Qui est aussi large que moi.

Il est si vif qu'il sauterait
Du manège si je voulais.

Mais je le tiens d'une main ferme.
Il sait que c'est moi qui gouverne.

Il y un cheval devant.
Il y a un cheval derrière.

Il faut qu'il tourne patiemment
À sa place : c'est la première.

Maurice Carême
À cloche - pied

Le cheval

Et le cheval longea ma page.
Il était seul, sans cavalier,
Mais je venais de dessiner
Une mer immense et sa plage.

Comment aurais-je pu savoir
D'où il venait, où il allait ?
Il était grand, il était noir,
Il ombrait ce que j'écrivais.

J'aurais pourtant dû deviner
Qu'il ne fallait pas l'appeler.
Il tourna lentement la tête.

Et, comme s'il avait eu peur
Que je lise en son cœur de bête,
Il redevint simple blancheur.

Maurice Carême
Mer du Nord

Cher Golo

À Combray, tous les jours dès la fin de l'après-midi, longtemps avant le moment où il faudrait me mettre au lit et rester, sans dormir, loin de ma mère et de ma grand'mère, ma chambre à coucher redevenait le point fixe et douloureux de mes préoccupations. On avait bien inventé, pour me distraire les soirs où on me trouvait l'air trop malheureux, de me donner une lanterne magique, dont, en attendant l'heure du dîner, on coiffait ma lampe ; et, à l'instar des premiers architectes et maîtres verriers de l'âge gothique, elle substituait à l'opacité des murs d'impalpables irisations, de surnaturelles apparitions multicolores, où des légendes étaient dépeintes comme dans un vitrail vacillant et momentané. Mais ma tristesse n'en était qu'accrue, parce que rien que le changement d'éclairage détruisait l'habitude que j'avais de ma chambre et grâce à quoi, sauf le supplice du coucher, elle m'était devenue supportable. Maintenant je ne la reconnaissais plus et j'y étais inquiet, comme dans une chambre d'hôtel ou de « chalet », où je fusse arrivé pour la première fois en descendant de chemin de fer. Au pas saccadé de son cheval, Golo, plein d'un affreux dessein, sortait de la petite forêt triangulaire qui veloutait d'un vert sombre la pente d'une colline, et s'avançait en tressautant vers le château de la pauvre Geneviève de Brabant. Ce château était coupé selon une ligne courbe qui n'était guère que la limite d'un des ovales de verre ménagés dans le châssis qu'on glissait entre les coulisses de la lanterne. Ce n'était qu'un pan de château, et il avait devant lui une lande où rêvait Geneviève qui portait une ceinture bleue. Le château et la lande étaient jaunes, et je n'avais pas attendu de les voir pour connaître leur couleur, car, avant les verres du châssis, la sonorité mordorée du nom de Brabant me l'avait montrée avec évidence. Golo s'arrêtait un instant pour écouter avec tristesse le boniment lu à haute voix par ma grand'tante et qu'il avait l'air de comprendre parfaitement, conformant son attitude, avec une docilité qui n'excluait pas une certaine majesté, aux indications du texte ; puis il s'éloignait du même pas saccadé. Et rien ne pouvait arrêter sa lente chevauchée. Si on bougeait la lanterne, je distinguais le cheval de Golo qui continuait à s'avancer sur les rideaux de la fenêtre, se bombant de leurs plis, descendant dans leurs fentes. Le corps de Golo lui-même, d'une essence aussi surnaturelle que celui de sa monture, s'arrangeait de tout obstacle matériel, de tout objet gênant qu'il rencontrait en le prenant comme ossature et en se le rendant intérieur, fût-ce le bouton de la porte sur lequel s'adaptait aussitôt et surnageait invinciblement sa robe rouge ou sa figure pâle toujours aussi noble et aussi mélancolique, mais qui ne laissait paraître aucun trouble de cette transvertébration.

Certes je leur trouvais du charme à ces brillantes projections qui semblaient émaner d'un passé mérovingien et promenaient autour de moi des reflets d'histoire si anciens. Mais je ne peux dire quel malaise me causait pourtant cette intrusion du mystère et de la beauté dans une chambre que j'avais fini par remplir de mon moi au point de ne pas faire plus attention à elle qu'à lui-même.
L'influence anesthésiante de l'habitude ayant cessé, je me mettais à penser, à sentir, choses si tristes. Ce bouton de la porte de ma chambre, qui différait pour moi de tous les autres boutons de porte du monde en ceci qu'il semblait ouvrir tout seul, sans que j'eusse besoin de le tourner, tant le maniement m'en était devenu inconscient, le voilà qui servait maintenant de corps astral à Golo. Et dès qu'on sonnait le dîner, j'avais hâte de courir à la salle à manger, où la grosse lampe de la suspension, ignorante de Golo et de Barbe-Bleue, et qui connaissait mes parents et le bœuf à la casserole, donnait sa lumière de tous les soirs, et de tomber dans les bras de maman que les malheurs de Geneviève de Brabant me rendaient plus chère, tandis que les crimes de Golo me faisaient examiner ma propre conscience avec plus de scrupules.

Marcel Proust (1871-1922),
À la Recherche du temps perdu,
Du côté de chez Swann (1913)

Du poney à l'équitation de cirque

Voué pour ainsi dire à l'équitation depuis mon enfance, j'ai monté mon premier cheval à l'âge de sept ans. Ce fut un poney qui fit mon apprentissage, puis une jument dont l'excellent caractère me permit de courir à travers bois et champs. Enfin, quand sonna ma vingtième année, mon père me donna 2 000 francs pour m'acheter un cheval.
Naïvement j'estimai que je quadruplerais mon plaisir en en achetant quatre pour le même prix. Et j'acquis ainsi à une vente aux enchères quatre chevaux de belle apparence, mais qui se montrèrent rétifs à plaisir.

Une bataille acharnée s'engagea entre moi et ma nouvelle cavalerie. Je connus les fâcheux déplacements d'assiette, et l'art de tomber n'eut plus de secret pour moi. Mais je finis par avoir raison de mes quatre élèves et je leur suis reconnaissant aujourd'hui des leçons qu'ils m'ont données. Sans eux, peut-être, aurais-je commencé par m'enfermer au manège qui, si nécessaire pour l'instruction, devient nuisible lorsqu'on s'y adonne exclusivement, l'équitation du dehors donnant seule l'énergie et l'aplomb.
Je ne me suis spécialisé dans l'équitation de cirque, qu'après avoir été, toute ma jeunesse, un cavalier du dehors, suivi des chasses et même gagné à dix-huit ans une course à Deauville (le Prix du Bassin).

Ernest Molier (1850-1933),
L'équitation et le cheval (1911)

Le premier labour du petit Basile

Ce matin-là, l'enfant et le vieux labouraient la grande pièce des Pointières. Coliche pesait sur les manches de la charrue, tandis que le petiot courait à grandes enjambées, faisait claquer son fouet, se penchait quelquefois pour enlever une pierre sur le passage du coutre. Le sillon s'allongeait, le soc coupait la terre et la rejetait. Derrière le passage du fer, la bonne glèbe luisait, et des vols de corbeaux s'abattaient, épiant les vers et les larves de hannetons parmi les mottes.

– Attention, petiot, garde à la borne !

Le vieux renversa la charrue et pendant que Basile tirait le cordeau et faisait tourner l'attelage au bout du champ, il cracha dans ses mains, souffla et regarda l'enfant en dessous.

– À ton tour, maintenant !

Basile se récria, n'osant comprendre : Jamais il n'aurait la force de tenir la charrue !

Le vieux chassa les chevaux, qui s'enlevèrent d'un vigoureux tour de reins. L'enfant enfonça le soc. Il bandait ses muscles, les mains cramponnées aux manches, qui lui donnaient dans les épaules et dans les avant-bras des secousses terribles. Il marchait ; la croupe des chevaux ondulait devant lui, les colliers de laine bleue égrenaient leurs sonnailles. Le vieux serait-il content ? Le sang emplit sa tête d'un bourdonnement de cloche.

Un choc ébranla la charrue : une souche enfouie dans la terre que le soc venait de trancher. Basile se raidit, tint bon, sentit le glissement du fer qui fouillait de nouveau l'argile grasse. Alors, il souffla à pleins poumons, tandis que le vieux arrêtait l'équipage.

Coliche se planta au bout du sillon et promena sur la terre un regard satisfait. On ne pouvait pas dire le contraire : ça promettait ! Le sillon s'allongeait tout droit, sans une cassure, creusé à une bonne profondeur.

– Bel ouvrage, disait le vieux. Allons, quand les forces seront venues, tu seras un fameux laboureur !

Cette simple parole émut l'enfant, l'espoir gonfla son cœur ; ce fut une bonne journée.

Émile Moselly (1870-1918),
Fils de gueux (1912)

Il marchait ; la croupe des chevaux ondulait devant lui, les colliers de laine bleue égrenaient leurs sonnailles.

L'enfance des poulains

Il faut avoir attention, lorsqu'on sèvre les jeunes poulains, de les mettre dans une écurie propre, qui ne soit pas trop chaude, crainte de les rendre trop délicats et trop sensibles aux impressions de l'air ; on leur donnera souvent de la litière fraîche : on les tiendra propres, en les bouchonnant de temps en temps : mais il ne faudra ni les attacher, ni les panser à la main, qu'à l'âge de deux ans et demi ou trois ans ; ce frottement trop rude leur causerait de la douleur ; leur peau est encore trop délicate pour le souffrir, et ils dépériraient au lieu de profiter.

Il faut aussi avoir soin que le râtelier et la mangeoire ne soient pas trop élevés : la nécessité de lever la tête trop haut pour prendre leur nourriture pourrait leur donner l'habitude de la porter de cette façon, ce qui leur gâterait l'encolure.

Lorsqu'ils auront un an ou dix-huit mois, on leur tondra la queue ; les crins repousseront, et deviendront plus forts et plus touffus. Dès l'âge de deux ans il faut séparer les poulains, mettre les mâles avec les chevaux, et les femelles avec les juments : sans cette précaution les jeunes poulains se fatigueraient autour des poulines, et s'énerveraient sans aucun fruit.

Buffon (1707-1788),
Histoire naturelle (1749-1789)

Le cheval enchanté
du prince Firouz Schaz

Le prince Firouz Schah cependant fut enlevé dans l'air avec la rapidité que nous avons dit ; et en moins d'une heure il se vit si haut, qu'il ne distinguait plus rien sur la terre, où les montagnes et les vallées lui paraissaient confondues avec les plaines.
Ce fut alors qu'il songea à revenir au lieu d'où il était parti. Pour y réussir, il s'imagina qu'en tournant la même cheville à contre-sens, et en tournant la bride en même temps, il réussirait ; mais son étonnement fut extrême, quand il vit que le cheval l'enlevait toujours avec la même rapidité. Il la tourna et retourna plusieurs fois, mais inutilement.
Ce fut alors qu'il reconnut la grande faute qu'il avait commise, de ne pas prendre de l'Indien tous les enseignements nécessaires pour bien gouverner le cheval avant d'entreprendre de le monter. Il comprit dans le moment la grandeur du péril où il était, mais cette connaissance ne lui fit pas perdre le jugement : il se recueillit en lui-même, avec tout le bon sens dont il était capable ; et en examinant la tête et le cou du cheval avec attention, il aperçut une autre cheville plus petite et moins apparente que la première, à côté de l'oreille droite du cheval. Il tourna la cheville, et dans le moment il remarqua qu'il descendait vers la terre, par une ligne semblable à celle par laquelle il avait monté, mais moins rapidement.
Il y avait une demi-heure que les ténèbres de la nuit couvraient la terre à l'endroit où le prince Firouz Schah se trouvait perpendiculairement, quand il tourna la cheville. Mais comme le cheval continua de descendre, le soleil se coucha aussi pour lui en peu de temps, jusqu'à ce qu'il se trouva entièrement dans les ténèbres de la nuit. De la sorte, loin de choisir un lieu où aller mettre pied à terre à sa commodité, il fut contraint de lâcher la bride sur le col du cheval, en attendant avec patience qu'il achevât de descendre, non sans inquiétude du lieu où il s'arrêterait, savoir si ce serait un lieu habité, un désert, un fleuve ou la mer.
Le cheval enfin s'arrêta et se posa ; il était plus de minuit ; et le prince Firouz Schah mit pied à terre, mais avec une grande faiblesse, qui venait de ce qu'il n'avait rien pris depuis le matin du jour qui venait de finir, avant qu'il sortît du palais avec le roi son père, pour assister aux spectacles de la fête. La première chose qu'il fit dans l'obscurité de la nuit, fut de reconnaître le lieu où il était, et il se trouva sur le toit en terrasse d'un palais magnifique, couronné d'une balustrade de marbre à hauteur d'appui. En examinant la terrasse, il rencontra l'escalier par où on y montait du palais, dont la porte n'était pas fermée, mais entr'ouverte.

Histoire du cheval enchanté, extrait, *in Les Mille et une Nuits*,
conte persan, traduction d'Antoine Galland,
(publiée entre 1704-1707) orthographe modernisée

L'enfant sauvé par son cheval

Et, là-bas, sans qu'il fût besoin de l'éperon,
Le cheval galopait toujours à perdre haleine ;
Il passait la rivière, il franchissait la plaine,
Il volait ; par moments, frémissant et ravi,
L'enfant se retournait, tremblant d'être suivi,
Et de voir, des hauteurs du monstrueux repaire,
Descendre quelque frère horrible de son père.

Comme le soir tombait, Compostelle apparut.
Le cheval traversa le pont de granit brut
Dont saint Jacques a posé les premières assises.
Les bons clochers sortaient des brumes indécises ;
Et l'orphelin revit son paradis natal.

Près du pont se dressait, sur un haut piédestal,
Un Christ en pierre ayant à ses pieds la madone ;
Un blanc cierge éclairait sa face qui pardonne,
Plus douce à l'heure où l'ombre au fond des cieux grandit.
Et l'enfant arrêta son cheval, descendit,
S'agenouilla, joignit les mains devant le cierge,
Et dit :

« Ô mon bon Dieu, ma bonne sainte Vierge,
J'étais perdu ; j'étais le ver sous le pavé ;
Mes oncles me tenaient ; mais vous m'avez sauvé ;
Vous m'avez envoyé ce paladin de France,
Seigneur ; et vous m'avez montré la différence
Entre les hommes bons et les hommes méchants.
J'avais peut-être en moi bien des mauvais penchants,
J'eusse plus tard peut-être été moi-même infâme,
Mais, en sauvant la vie, ô Dieu, vous sauvez l'âme ;
Vous m'êtes apparu dans cet homme, Seigneur ;
J'ai vu le jour, j'ai vu la foi, j'ai vu l'honneur,
Et j'ai compris qu'il faut qu'un prince compatisse
Au malheur, c'est-à-dire, ô Père ! à la justice.
Ô madame Marie ! ô Jésus ! à genoux
Devant le crucifix où vous saignez pour nous,
Je jure de garder ce souvenir, et d'être
Doux au faible, loyal au bon, terrible au traître,
Et juste et secourable à jamais, écolier
De ce qu'a fait pour moi ce vaillant chevalier.
Et j'en prends à témoin vos saintes auréoles. »

Le cheval de Roland entendit ces paroles,
Leva la tête, et dit à l'enfant : « C'est bien, roi. »

L'orphelin remonta sur le blanc palefroi,
Et rentra dans sa ville au son joyeux des cloches.

Victor Hugo (1802- 1885),
Le crucifix, La Légende des siècles (1859)

Chevaux légendaires

Il convient que les hommes labourent,
bêchent et arrachent les broussailles
de la terre pour qu'elle produise les fruits
dont vivent les chevaliers et les chevaux.
Il convient que le chevalier, qui chevauche
mène l'existence d'un seigneur,
tire son bien-être de ce qui fait le travail
et la peine des hommes.

Libro de le orden de caballeria
(fin du XIIIe siècle)

Le cheval cotentin est,
pour la grosse cavalerie
le meilleur de l'univers.

Comte de Saint-Germain

Des blancs chevaux
dans la plaine
courent sans avancer
Ô comme elle s'éteint la race
de la licorne.

Mircea Ciobanu

On raconte sur ce château de Kercabin, dit Pipi Ar Morvan, une foule d'histoires, toutes plus ou moins étranges. Le propriétaire actuel est un de mes amis d'enfance ; je l'ai toujours connu un homme résolu, décidé, et paraissant peu croire aux revenants.
Que dit-il aussi du cheval de Margéot ?
Il l'a fait jurer plus d'une fois, lorsqu'arrivant sur son perron, dans l'espoir de serrer la main d'un parent ou d'un vieil ami, qui lui venait demander l'hospitalité, il voyait la cour déserte et rentrait en disant comme les autres : « C'est encore ce maudit Margéot ! »

François-Marie Luzel

Le roi Richard

Un cheval ! Un cheval ! Mon royaume pour un cheval !

Catesby

Retirez-vous, Seigneur, et je vous ferai trouver un cheval !

William Shakespeare

(Dans le bordj, au milieu du désert saharien) Un assez grand nombre de chevaux remplit les écuries. On les entend piaffer, hennir ; On les voit s'agiter à chaque fois qu'un nouveau cavalier se présente à l'entrée de la cour.

Eugène Fromentin

Ils se battent - combat terrible
- corps-à-corps
Voilà déjà longtemps
que leurs chevaux sont morts
Ils sont là seuls tous deux
dans une île du Rhône
L'un s'appelle Olivier,
L'autre a nom Roland.

Victor Hugo

Beau chevalier qui partez pour la guerre,
Qu'allez-vous faire
Si loin d'ici ?
Voyez-vous pas que la nuit est profonde,
Et que le monde
N'est que souci ?

Alfred de Musset

Le cheval de Margéot

C'était à Kercabin, vieux château, près de Pontrieux, sur lequel il courait de singuliers bruits, et que l'on disait hanté par toutes sortes d'hôtes mystérieux. J'y étais allée veiller ma grand'tante, qui se mourait. La pauvre tante s'éteignit doucement, à l'âge de 80 ans ; son âme quitta paisiblement et comme sans regret son corps flétri par la vieillesse, usé par les travaux et les douleurs d'une vie longue et laborieuse. Nous passâmes la nuit autour de son lit, faisant des lectures pieuses, et récitant les prières habituelles des veillées des morts. Nous étions là une vingtaine de personnes.
À une heure très-avancée de la nuit, nous entendîmes tous, très-distinctement, le pas d'un cheval arrivant au grand galop sur le pavé de la cour. Ma tante, la fille de la défunte, dit aussitôt : « Voilà mon frère le prêtre qui arrive ! Il n'a pas perdu de temps. » Puis, s'adressant à un domestique : « Allez le recevoir, Fanch Vraz, et mettre son cheval à l'écurie. » Deux domestiques sortirent aussitôt. Du haut du perron, ils regardèrent dans la cour, et ne virent rien, ni homme ni cheval. Cependant, ils étaient si certains d'avoir entendu le bruit des sabots d'un cheval sur le pavé de la cour, qu'ils se rendirent à l'écurie, persuadés que le cavalier y avait lui-même conduit sa monture, ou qu'un des chevaux de la maison avait rompu sa chaîne et s'était évadé. Mais ils ne trouvèrent à l'écurie ni cavalier, ni cheval étranger, et aucun des chevaux de la maison ne s'était évadé. Très étonnés de cela, ils vinrent en instruire ma tante, qui répondit tranquillement : « C'est encore le cheval de Margéot ! » La veillée continua, et le prêtre attendu n'arriva qu'au point du jour.
Or, voici ce que c'était que ce Margéot, dont je me fis plus tard conter l'histoire, car ces simples mots : « C'est le cheval de Margéot ! » avec la circonstance mystérieuse d'un cavalier invisible, me frappèrent d'une étrange façon.
Margéot avait habité le château de Kercabin, il y avait de cela cinquante ou soixante ans. C'était un homme d'une grande force physique, violent et emporté, craint et redouté comme la peste, dans tout le pays, et sur lequel il courait d'étranges bruits. On disait qu'il avait vendu son âme au diable, pour avoir de l'argent, et qu'il égorgeait quelquefois des petits enfants, enlevés dans les campagnes, quand il les trouvait seuls. Aujourd'hui encore, dans les environs de Pontrieux, quand les mères veulent faire taire les enfants qui pleurent, ou réprimer chez eux un acte d'indocilité, elles les menacent de Margéot, comme ailleurs on les menace de Croquemitaine ou de Barbe-Bleue. Entr'autres crimes, on l'accusait de la mort d'un douanier.
Je ne sais quelle raison on donne du meurtre, si Margéot faisait de la contrebande, ou s'il avait quelqu'autre sujet de haine et de vengeance contre le douanier ; mais aussitôt le crime commis, il monta, dit-on, sur un excellent cheval qu'il avait, et que l'on disait aussi être un présent de l'enfer, et se rendit à Saint-Brieuc, bride-abattue. C'était de nuit ; Saint-Brieuc est à douze ou treize lieues de Kercabin. La justice informa, fit une enquête, et, sur quelques indices et de nombreuses présomptions, Margéot fut mis en accusation. Mais, grâce à la rapidité et aux jarrets de fer de son cheval, il parvint à établir un alibi, et fut acquitté. Il mourut peu de temps après, à la grande joie de tout le pays, et quelques vieilles femmes prétendent que deux diables rouges enlevèrent son corps, pendant la veillée de mort, et que le cercueil que l'on enterra dans le cimetière de Plouëc était vide.

Depuis lors, la nuit, on entend souvent un cheval arriver bride abattue dans la cour de Kercabin ; et quand les domestiques se présentent pour recevoir le voyageur attardé et mettre son cheval à l'écurie, ne trouvent ni cavalier, ni cheval, ils rentrent en maugréant et en disant : « C'est encore ce diable de Margéot ! »

François Luzel (1825-1895),
Veillées bretonnes (1895)

Sultan, le cheval arabe

Le soleil du désert ne luit plus sur ta lame,
Ô mon large yatagan plus poli qu'un miroir,
Où Kaïdha mirait son visage de femme,
Comme un rayon sortant des ombres d'un ciel noir,

Tu pends par la poignée au pilier d'une tente,
Avec mon narghilé, ma selle, et mon fusil ;
Et, semblable à mon cœur qui s'use dans l'attente,
La rouille et le repos te dévorent le fil !

Et toi, mon fier Sultan, à la crinière noire,
Coursier né des amours de la foudre et du vent,
Dont quelques poils de jais tigraient la blanche moire,
Dont le sabot mordait sur le sable mouvant,

Que fais-tu maintenant, cher berceur de mes rêves ?
Mon oreille aimait tant ton pas mélodieux,
Quand la bruyante mer, dont nous suivions les grèves,
Nous jetait sa fraîcheur et son écume aux yeux !

Tu rengorgeais si beau ton cou marbré de veines,
Quand celle que ma main sur ta croupe élançait
T'appelait par ton nom, et, retirant tes rênes,
Marquetait de baisers ton poil qui frémissait !

Je la livrais sans peur à ton galop sauvage !
La vague de la mer, dans le golfe dormant,
Moins amoureusement berce près du rivage
La barque abandonnée à son balancement :

Car, au plus léger cri qui gonflait sa poitrine,
Tu t'arrêtais tournant ton bel œil vers tes flancs,
Et, retenant ton feu dans ta rose narine,
De l'écume du mors tu lavais ses pieds blancs.

Penses-tu quelquefois, le front bas vers la terre,
À ce maître venu dans ton désert natal,
Qui parlait sur ta croupe une langue étrangère,
Et qui t'avait payé d'un monceau de métal ?

Penses-tu quelquefois à la jeune maîtresse
Qui pour parer ta bride, houri d'un autre ciel,
Détachait les rubis ou les fleurs de sa tresse,
Et dont la main t'offrait de blancs cristaux de miel ?

Où sont-ils ? que font-ils ? Quels climats les retiennent ?
Les vaisseaux dont tu vois souvent blanchir les mâts,
Ces grands oiseaux des mers qui vont et qui reviennent,
Sur ton sable doré ne les déposent pas.

Ne les hennis-tu pas de ton naseau sonore ?
Ton cœur dans ton poitrail ne bat-il pas d'amour,
Quand ton oreille entend dans les champs de l'aurore
Le nom, cher au Liban, de ce maître d'un jour ?

Oh ! oui, car de ta selle, en détachant mes armes,
Tu me jetas tout triste un regard presque humain,
Je vis ton œil bronzé se ternir, et deux larmes,
Le long de tes naseaux, glissèrent sur ma main !

Alphonse de Lamartine (1790-1869),
Nouvelles Méditations (1828)

Rossinante, le cheval de don Quichotte

Tel fut le roi des bons chevaux,
Rossinante, la fleur des coursiers d'Ibérie
Qui, trottant jour et nuit et par monts et par vaux,
Galopa, dit l'histoire, une fois dans sa vie.

Nicolas Boileau (1636-1711)
(dédicace inscrite
en dessus d'un portrait de Rossinante)

Les célèbres chevaux de Perpignan

Un dernier mot sur Perpignan, qui fera sourire ceux qui l'ont connu parce qu'il leur rappellera une manie singulière de cet amusant personnage. Cette monomanie consistait à dessiner des chevaux sur tout et partout. Certain régisseur du théâtre du Palais-Royal, que je ne nommerai pas, pour ne pas l'obliger à rougir au coin de son foyer, avait une passion moins innocente.

Perpignan n'avait pas l'imagination artistique si décolletée, les chevaux lui suffisaient ; les chevaux vus de face, de trois quarts ou de profil, en course ou au repos ; galopant ou dormant. Et, en vérité, il ne les dessinait pas mal ; Horace Vernet lui-même le reconnaissait. Mais il en dessinait trop !

Vous aviez invité Perpignan à dîner ; profitant, avant de se mettre à table, de cinq minutes durant lesquelles vous ne le surveilliez pas, il se glissait dans votre salle à manger, et, vlan ! Du bout de son bâton d'encre de Chine, sur chaque assiette recouverte de son assiette à potage, il déposait un cheval.

À Alger où il fut envoyé quelques années après la conquête, il faillit se faire un mauvais parti avec des officiers qui habitaient le même hôtel que lui, en illustrant ainsi, malgré eux, chaque jour, les assiettes servant à leur repas. Ces messieurs avaient faim, et, au moment d'y placer une tranche de gigot ou de rosbeef, ils trouvaient un cheval sur leur assiette. Et il leur fallait en demander une autre.

Après avoir ri quelque temps, les militaires se fâchèrent. Perpignan fut contraint, sous peine d'un coup d'épée, de renoncer à l'exercice de son tic équestre sur le service de l'hôtel ; il s'en consola en dessinant son favori par tout l'intérieur de la Casbah, et dans ses réduits les plus secrets.

Que veux-tu ! me disait-il, ce n'est pas ma faute, quand je n'ai pas fait ma douzaine de chevaux dans ma journée, je suis malade !

Pour qu'il ne fût pas malade, lorsqu'il venait chez moi, avant toutes choses, en attendant les autres convives, j'apportais ses douze assiettes à Perpignan. Il donnait l'essor à sa folie : il était sage.

Mémoires de Charles-Paul de Kock (1793-1871)
écrits par lui-même et publiés par son fils (1873)

Le cheval du diable

Jean-René Cuzon revenait une nuit de la foire de Landerneau. La route est longue, de Landerneau au Faou. Jean-René sifflotait, en marchant, pour se donner des jambes, et aussi pour se tenir compagnie.

– Tu siffles à merveille ! dit tout à coup une voix derrière lui.

Jean-René se détourna et aperçut un homme à cheval qui venait tranquillement, au pas de sa bête,

– Où vas-tu ? demanda l'homme, quand il eut rejoint Jean-René.

– Au Faou.

– Je vais aussi de ce côté. Nous allons faire route ensemble.

Les voilà de cheminer côte à côte.

– Votre cheval ne fait pas grand bruit, observa Jean-René. On dirait qu'il n'est pas ferré.

– C'est qu'il est encore jeune, répondit l'inconnu, et qu'il a le sabot tendre.

La conversation continua, sur un ton amical.

Ils causèrent des gens du Faou. L'homme semblait connaître tout le monde de la ville et des environs, depuis le plus riche jusqu'au plus pauvre. Il racontait sur la vie de chacun des anecdotes fort drôles. « Un tel est un ivrogne… ; un tel, un ladre ; … tel autre bat sa femme… ; celui-ci est cornard… ; celui-là jaloux. » Et à chaque nom qu'il prononçait, il citait une histoire pour prouver son dire.

C'était un amusant compagnon. Jean-René était aux anges de l'avoir rencontré.

Tout en jasant, ils arrivèrent à l'entrée d'une avenue, sur la gauche du chemin.

– J'ai besoin de m'arrêter ici, dit le cavalier. J'ai une commission à faire dans le manoir qui est là-bas derrière les arbres. Aurais-tu la complaisance de tenir la bride de mon cheval pendant ce temps-là ? Dans quelques minutes, je serai de retour.

– Volontiers. Mais je crains bien que vous ne fassiez un voyage inutile. À pareille heure, il ne doit y avoir personne sur pied au manoir.

– Oh ! si. On compte sur moi.

– Allez alors.

– Prends garde que la bête ne t'échappe.

– N'ayez pas peur. J'en ai maintenu de plus fringantes.

Le cavalier sauta à terre, prit un sac qui était amarré à la selle, et s'engagea dans l'avenue.

Jean-René, lui, passa la bride à son bras et, pour plus de précaution, empoigna solidement la crinière du cheval.

– Chrétien ! Chrétien ! Soupira la bête, tu me fais mal. Par pitié, ne tire pas tant sur mes crins !

Jean-René eut un cri de stupeur.

– Comment ! Les chevaux se mettent à parler maintenant !

– Je suis cheval aujourd'hui !.. Mais, de mon vivant j'étais une femme. Regarde mes pieds et tu verras.

Jean-René regarda, et vit en effet que la bête avait des pieds humains, de jolis pieds fins et menus comme ceux d'une femme.

– Jésus, mon Dieu ! fit-il, quelle espèce d'homme est-ce donc qui te monte ?

– Ce n'est pas un homme, c'est le diable !

– Oh !

– Il s'est arrêté ici, pour aller quérir au manoir l'âme d'une jeune fille qui vient de trépasser.

Il la met, en ce moment, dans le sac que tu l'as vu prendre et tout à l'heure il l'emportera en enfer.

Tu peux t'attendre à semblable destin, si tu n'as déguerpi avant qu'il nous rejoigne…

Jean-René n'en entendit pas davantage. Il avait déjà pris sa course vers le Faou où il arriva hors d'haleine. Il fut trois jours sans pouvoir parler. Ce n'est que le quatrième soir qu'il trouva la force de raconter aux siens son aventure.

Anatole Le Braz (1859-1926), *La légende de la mort en Basse-Bretagne* (1893),
(conté par Nanna Gostalen. – Le Faou, 1886.)

Un cheval fort opportunément nommé Liban

L'œil des chevaux arabes est une langue tout entière. Par leur bel œil, dont la prunelle de feu se détache du blanc large et marbré de sang de l'orbite, ils disent et comprennent tout. J'avais cessé depuis quelques jours de monter celui de mes chevaux que je préférais à tous les autres. Par suite des innombrables superstitions arabes, il y a soixante et dix signes bons ou mauvais pour l'horoscope d'un cheval, et c'est une science que possèdent presque tous les hommes du désert. Le cheval dont je parle, et que j'avais appelé Liban, parce que je l'avais acheté dans ces montagnes, était un jeune et superbe étalon, grand, fort, courageux, infatigable et sage, et à qui je n'ai jamais reconnu l'ombre d'un vice pendant quinze mois que je l'ai monté ; mais il avait sur le poitrail, dans la disposition accidentelle de son beau poil gris cendré, un de ces épis que les Arabes ont mis au nombre des signes funestes. J'en avais été prévenu en l'achetant, mais je l'avais acquis par ce raisonnement bien simple et à leur portée, qu'un signe funeste pour un mahométan était un signe favorable pour un chrétien. Ils n'avaient trouvé rien à répondre, et je montais Liban toutes les fois que j'avais à faire des journées de route plus longues ou plus mauvaises que les autres. Lorsque nous approchions d'une ville ou d'une tribu, et que l'on venait au-devant de la caravane, les Arabes ou les Turcs, frappés de la beauté et de la vigueur de Liban, commençaient par me faire compliment et par l'admirer avec l'œil de l'envie ; mais, après quelques moments d'admiration, le signe fatal, qui était cependant un peu couvert par le collier de soie et l'amulette suspendus au cou, que tout cheval porte toujours, venait à se découvrir, et les Arabes, s'approchant de moi, changeaient de figure, prenaient l'air grave et affligé, et me faisaient signe de ne plus monter ce cheval. Cela était peu important en Syrie ; mais dans la Judée et dans les tribus du désert, je craignais que cela ne portât atteinte à ma considération et ne détruisît le respect et le prestige d'obéissance qui nous entouraient. Je cessai donc de le monter, et on le menait en main à ma suite. Je ne doute pas que nous n'ayons dû une grande part de la déférence et de la crainte dont nous fûmes environnés, à la beauté des douze ou quinze chevaux arabes que nous montions ou qui nous suivaient.
Un cheval en Arabie, c'est la fortune d'un homme : cela suppose tout, cela tient lieu de tout : ils prenaient une haute idée d'un Français qui possédait tant de chevaux, aussi beaux que ceux de leur scheik et que les chevaux du pacha.

Alphonse de Lamartine (1790-1869),
Voyage en Orient (1835)

Le cheval de Metzengerstein

Pendant une nuit de tempête, Metzengerstein, sortant d'un lourd sommeil, descendit comme un maniaque de sa chambre, et, montant à cheval en toute hâte, s'élança en bondissant à travers le labyrinthe de la forêt.

Un événement aussi commun ne pouvait pas attirer particulièrement l'attention ; mais son retour fut attendu avec une intense anxiété par tous ses domestiques, quand, après quelques heures d'absence, les prodigieux et magnifiques bâtiments du palais Metzengerstein se mirent à craqueter et à trembler jusque dans leurs fondements, sous l'action d'un feu immense et immaîtrisable, – une masse épaisse et livide.

Comme les flammes, quand on les aperçut pour la première fois, avaient déjà fait un si terrible progrès que tous les efforts pour sauver une portion quelconque des bâtiments eussent été évidemment inutiles, toute la population du voisinage se tenait paresseusement à l'entour, dans une stupéfaction silencieuse, sinon apathique. Mais un objet terrible et nouveau fixa bientôt l'attention

de la multitude, et démontra combien est plus intense l'intérêt excité dans les sentiments d'une foule par la contemplation d'une agonie humaine que celui qui est créé par les plus effrayants spectacles de la matière inanimée.

Sur la longue avenue de vieux chênes qui commençait à la forêt et aboutissait à l'entrée principale du palais Metzengerstein, un coursier, portant un cavalier décoiffé et en désordre, se faisait voir bondissant avec une impétuosité qui défiait le démon de la tempête lui-même.

Le cavalier n'était évidemment pas le maître de cette course effrénée. L'angoisse de sa physionomie, les efforts convulsifs de tout son être, rendaient témoignage d'une lutte surhumaine ; mais aucun son, excepté un cri unique, ne s'échappa de ses lèvres lacérées, qu'il mordait d'outre en outre dans l'intensité de sa terreur. En un instant, le choc des sabots retentit avec un bruit aigu et perçant, plus haut que le mugissement des flammes et le glapissement du vent ; – un instant encore, et, franchissant d'un seul bond la grande porte et le fossé, le coursier s'élança sur les escaliers branlants du palais et disparut avec son cavalier dans le tourbillon de ce feu chaotique.

La furie de la tempête s'apaisa tout à coup et un calme absolu prit solennellement sa place. Une flamme blanche enveloppait toujours le bâtiment comme un suaire, et, ruisselant au loin dans l'atmosphère tranquille, dardait une lumière d'un éclat surnaturel, pendant qu'un nuage de fumée s'abattait pesamment sur les bâtiments sous la forme distincte d'un gigantesque *cheval*.

Edgar Allan Poe (1809-1849),
Metzengerstein in Histoires extraordinaires (1856), traduction par Charles Baudelaire (1869)

Wogel inv. sc. A Quantin Imp. Edit.

HISTOIRES
EXTRAORDINAIRES

PAR

EDGAR POE

TRADUCTION

DE CHARLES BAUDELAIRE

—

NOUVELLE ÉDITION

—

Edgar Poe, sa vie et ses œuvres
Double assassinat da la rue Morgue — La lettre volée
Le scarabée d'or — Le canard au ballon
Aventure sans pareille d'un certain Hans Pfaall
Manuscrit trouvé dans une bouteille — Une descente dans le Maelstrom
La vérité sur le cas de M. Valdemar — Révélation magnétique
Les souvenirs de M. Auguste Bedloe — Morella
Ligeia — Metzengerstein

M · L

PARIS

MICHEL LÉVY FRÈRES, ÉDITEURS
RUE AUBER, 3, PLACE DE L'OPÉRA

LIBRAIRIE NOUVELLE
BOULEVARD DES ITALIENS, 1[E], AU COIN DE LA RUE DE GRAMMONT

1875

Droits de reproduction et de traduction réservés

330 METZENGERSTEIN.

La furie de la tempête s'apaisa tout à coup et un calme absolu prit solennellement sa place. Une flamme blanche enveloppait toujours le bâtiment comme un suaire, et, ruisselant au loin dans l'atmosphère tranquille, dardait une lumière d'un éclat surnaturel, pendant qu'un nuage de fumée s'abattait pesamment sur les bâtiments sous la forme distincte d'un gigantesque *cheval*.

FIN

"'Comrades,' said Gargantua to his men, 'I hear the enemies' horse-feet; let us rally and close here, then set forward in order, and by this means we shall be able to receive their charge, to their loss and our honour.'"

La jument de Gargantua
qui porte le nom
de Grand Jument
ou grant jument
ou encore de grand'jument
est de taille gigantesque.
Elle apparaît dans
*Les grandes et inestimables
chroniques du grant et
énorme géant Gargantua.*
Cette légendaire jument
venue d'Afrique noie
ses ennemis sous son urine
et rase tous les arbres
de la Beauce, transformant
la région en plaine.
Elle se révèle être la digne
monture de son maître
qui en urinant créa le Rhône.

La jument de Gargantua

À cette même époque, Fayolles, quatrième roi de Numidie, envoya du pays d'Afrique à Grandgousier une jument, la plus énorme, la plus gigantesque qu'on ait jamais vue, et la plus monstrueuse : vous savez bien que de l'Afrique, il nous vient toujours quelque chose de nouveau. Elle était grande comme six éléphants et avait les pieds fendus en doigts, comme le cheval de Jules César, les oreilles pendantes, pareilles à celles des chèvres du Languedoc, et une petite corne au cul. Pour le reste, elle avait une robe alezan brûlé, criblée de pommelures grises. Mais elle avait surtout une queue horrible, car elle était à peu de chose près aussi grosse que la tour Saint-Mars, près de Langeais, et du même module carré avec des crins embarbelés, ni plus ni moins que des épis de blé.
Si cela vous émerveille, émerveillez-vous davantage encore de la queue des béliers de Scythie, qui pesait plus de trente livres, et de celle des moutons de Syrie auxquels il faut, si Tenaud dit vrai, atteler une charrette au cul pour la porter, tant elle est longue et pesante. Vous n'en avez pas une pareille, vous autres, paillards de pays plats !
Ladite jument fut amenée par mer, dans trois caraques et un brigantin, jusqu'aux Sables d'Olonne, en Talmondais.
Quand Grandgousier la vit : « Voici, dit-il, qui conviendra très bien pour conduire mon fils à Paris. Ainsi, grâce à Dieu, tout se passera bien. Il sera bientôt grand clerc. Sans l'action de messieurs les ânes, nous vivrions comme des clercs ! »
Au lendemain, après boire (comme vous vous en doutez bien), Gargantua prit la route avec son précepteur Ponocrates et tous ses gens, et avec eux Eudémon, le jeune page. Comme c'était par un temps serein et doux, son père lui fit faire des bottes de cuir fauve, du genre de celles que Babin appelle des brodequins.
En tel équipage, ils suivirent joyeusement leur itinéraire, faisant toujours grande chère, comme cela jusqu'au-dessus d'Orléans. En ces lieux s'étendait une vaste forêt, d'environ trente-cinq lieues de longueur et de dix-sept de largeur. Elle était horriblement riche et bien pourvue en mouches à bœufs et en frelons, si bien que c'était un vrai coupe-gorge pour les pauvres bêtes de somme, ânes et chevaux. Mais la jument de Gargantua eut la revanche de tous les outrages qui y avaient été commis sur les bêtes de son espèce, dont elle vengea l'honneur par un tour auquel les insectes ne s'attendaient guère. Car dès qu'ils eurent pénétré dans la forêt en question et que les frelons lui eurent livré l'assaut, elle dégaina sa queue et dans l'escarmouche les émoucha si bien qu'elle en abattit tout le bois. À tort, à travers, de çà, de là, par-ci, par-là, en long, en large, par-dessus, par-dessous, elle abattait les troncs comme un faucheur abat les herbes, de telle sorte que depuis il n'y eut plus ni bois ni frelons, mais que le pays tout entier fut transformé en champs.

Ce que voyant, Gargantua y prit un bien grand plaisir et, sans davantage s'en vanter, il dit à ses gens : « Je trouve beau ce. » C'est la raison pour laquelle, depuis lors, on appelle ce pays la Beauce.

François Rabelais (1490-1553),
Comment Gargantua fut envoyé à Paris.
De l'énorme jument qui le porta et comment elle anéantit les mouches à bœufs de la Beauce, chapitre XVI, extrait, *in La vie très horrificque du grand Gargantua père de Pantagruel* (1534), orthographe modernisée

Les quatre chevaux de l'Apocalypse

Alors je vis que l'Agneau avait ouvert un des sceaux,
et j'entendis l'un des quatre animaux qui disait d'une voix
de tonnerre : Viens et vois.

Je regardai donc, et je vis un cheval blanc, et celui qui était
monté dessus avait un arc, et on lui donna une couronne,
et il partit en vainqueur, pour remporter la victoire.

Et lorsque l'Agneau eut ouvert le second sceau, j'entendis
le second animal qui disait : Viens, et vois.

Et il sortit un autre cheval qui était roux ; et celui
qui le montait reçut le pouvoir de bannir la paix de la terre,
et de faire que les hommes se tuassent les uns les autres ;
et on lui donna une grande épée.

Et quand l'Agneau eut ouvert le troisième sceau, j'entendis
le troisième animal, qui disait : Viens et vois. Et je regardai,
et il parut un cheval noir, et celui qui était monté dessus
avait une balance à la main.

Et j'entendis une voix qui venait du milieu des quatre
animaux, et qui disait : La mesure de froment vaudra
un denier, et les trois mesures d'orge vaudront un denier ;
mais ne gâte point ni l'huile ni le vin.

Et quand l'Agneau eut ouvert le quatrième sceau, j'entendis
la voix du quatrième animal, qui disait : Viens, et vois.

Et je regardai, et je vis paraître un cheval de couleur pâle ;
et celui qui était monté dessus se nommait la Mort,
et l'Enfer le suivait ; et le pouvoir leur fut donné
sur la quatrième partie de la terre, pour faire mourir
les hommes par l'épée, par la famine, par la mortalité,
et par les bêtes sauvages de la terre.

Bible, Apocalypse,
traduction de Jean-Frédéric Ostervald (1663-1747)

« La licorne est le plus bel animal
le plus doux, le plus fier,
le plus terrible de la terre. »

Voltaire

« À l'aube passaient les chevaux,
Nos frères droits d'ascendance divine
Le vent du midi ralentissait leurs mouvements
Il affinait dans l'air leurs muscles. »

Florenta Albu

Index des citations par auteur

Nordsvensk häst
3.20
SVERIGE
L. HASSELBERG
L. SJÖÖBLOM Sc

AFGHAN POST 1999
AFS 30000

Crédits et légendes des illustrations

Photographies de couverture : 1re de couverture : Shutterstock.com/Elle Arden Images ; 4e de couverture : Shutterstock.com/Anna Illustrator ; Shutterstock.com/TamaraLSanchez.

Shutterstock.com • 2-3, 6, 19 haut, 24, 198-199 : Callipso ; 4 : Brinja Schmidt ; 8 : Torsten Lorenz ; 9 : Andrey Oleynik ; 9, 23, 115 bas, 137 (Louis XV à cheval), 144 haut, 157 bas : Mophart Creation ; 10 gauche, 188 : Vicuschka ; 11 haut : Gpaul photography ; 11 milieu : Stanislav Beloglazov ; 11 bas : Gudkov Andrey ; 12 : Abramova Kseniya ; 14-15 : Rorkopix ; 16 haut, 97 bas : Hein Nouwens ; 17 : Maria Stezhko ; 18 : Grigorita Ko ; 19 bas, 21, 72-73, 78-79, 172, 181 : Mariait ; 22, 92 haut, 131 haut : Marzolino ; 26 : Jukurae ; 27, 82 bas, 142-143, 176-177 : Olga_i ; 28-29 Becky Swora ; 30 haut : Steve Mann ; 31 bas : Magasin Pittoresque ; 32 : Alena Nedbaylo ; 33 : Mksim Shmeljov ; 39 : Standing Horse in a stall, Jean Bernard env. 1810/Everett Art ; 45 : Daniele Gabrielli ; 46-47 : Bahadir Yeniceri ; 53 : Insima ; 55 : OryPhotography ; 56 : Chanawat Phadwichit ; 58 : MediaFuzeBox ; 59 : Cezary Wojtowski ; 62-63 : Makarova Viktoria ; 67 : chrisdomey ; 68 : Lal Nallath ; 69 haut : Manekona Serafima ; 69 bas : Makieni ; 70-71 : Uhryn Larysa ; 74-75 : Amir Bajrich ; 76 : Makarova Viktoria ; 80-81 : SkiffAnder ; 83 bas : Lori Kajenna ; 84 : Andrzej Kubik ; 85 : Josef Klopacka ; 86-87 : Kovop58 ; 88 : Kyslynskahal ; 100 milieu : rook76 ; 94-95 : Andrew lever ; 98-99 : OlesyaNickolaeva ; 102-103 : Osetrik ; 110 : Inge Jansen ; 111 : TamaraLSanchez ; 112-113 : Helen Rose Gabriel ; 117 : Kubasiak Zbigniew ; 118 : Abramova Kseniya ; 121 : Grigorita Ko ; 122-123 : Anastasia Vetkovskaya ; 126-127 : DenisaPro ; 128-129 : conrado ; 130 : Barashkova Natalia ; 131 : milieu, Anna Ilustrator, bas, *Album des tournois et des parades*, peinture allemande, 1585-1560/ Everett Art ; 132 : Peter Turner Photography ; 133 : Ksenia Ragozina ; 134 : Onot ; 134 : Sabrina Mallick ; 136 : *Le tour du monde, journal de voyage*, 1865/Mophart Creation ; 138 : Abramova Kseniya ; 140 : Svetlana Ryazantseva ; 145 bas : MM_ photos154-155 : Julza ; 156 haut : David Dea ; 156 bas : lynea ; 158-159 : Astroette ; 160 : Val Lawless ; 161 : CatbirdHill ; 162-163 : Bhamms ; 165 : Tatiana Bobkova ; 166-167 : Catmando ; 169 : TravelPOIs.de ; 170 : Faenkova Elena ; 171 : Pipalena ; 173 : Thasneem ; 174-175 : Hector Ruiz Villar ; 178-179 : Kritsana Thaweekoon ; 182 : anakondsap ; 184 haut : timbre espagnol/KarSol ; 195 : Sara Montalbano ; 196-197 : Irina Alexandrovna ; 200 haut : timbre des USA, The Road-Winter, env. 1974/Tristan Tan ; 200 bas : timbre des USA, Pony Express Rider, env. 1960/Solodov Aleksei ; 201 : timbre suédois, env. 1994/Mitrofanov Alexander ; 202-203 : timbre des Philippines, env. 1985/ Mitrofanov Alexander ; timbre d'Afghanistan, env. 1999/ Mitrofanov Alexander ; 206-207 : Vladen Abdullin.

Wikipedia commons ou **Wikimedia commons** • 5 : Welbeck le superbe cheval de Spanie – C. van Caukercken, A. van Diepenbeeck, reprinted 1743 ; 36 : archives de Pearson Scott Foresman ; 37 : Bouffonneries de l'exposition, Cham, 1868 ; *À travers Paris*, Crafty, 1894 ; 41 : Descente d'un cheval dans une mine en France, avant 1935 ; 43 : Chasseur à cheval de la Grande Armée, extrait de *Histoire de Napoléon*, P. M ; Laurent, 1843/Hippolyte Bellangé ; 44 : extrait de l'ouvrage *French language and conversation*, F. Berger, 1891 ; 49 haut : Décadrachme à la tête de Perséphone, Syracuse, 400-380 av. J.-C./cgb ; 51 : Pelops and Hippodamia racing/Haiduc ; 52 : Mosaïque de pavement à l'aurige à casaque blanche, représentant l'une des quatre factions du cirque. Œuvre romaine, première moitié du IIIe siècle ap. J.-C. Provenance : villa des Sévères à Baccano, à 16 milles de la Via Appia/ Jastrow ; 60 : Cheval à la hese, P.L. Rouillard, fonte de fer, 1878, parvis du musée d'Orsay/Siren-Com ; Denier au cheval galopant et « au caducée » frappé par les Allobroges (Dauphinée) Ier siècle avant J.-C./cgb ; 65 haut : gravure représentant la morphologie d'un cheval de selle, *Du cheval de selle français*, L. Champion, 1898 ; 100 bas : Cheval demi-sang anglo-breton, *Encyclopédie pratique de l'agriculteur*, E. Gayot, L. Moll, 1877 ; 101 droite : Karl Reichert, 1918 ; 124 : fresque, détail de mosaïque, Alexandre/Clio 20 ; 125 : Bucephalus par A. Cassaigne 1899 ; 140 : Cavalier arabe en costume de Fantasia, Tunisie, env. 1900/DrFo. Jr Tn ; 147 : Cheval de Troie, d'après le *Virgile du Vatican, Histoire des jouets* ; 148-149 : Roman_P ; 151 : St. Nick ; 152 : TravnikovStudio ; 153 : timbre australien, 1989, tramway à chevaux d'Adelaïde/neftali ; 184 bas : illustration de Gustave Doré, *Don Quijote de La Mancha et Sancho Panza*, 1863/Bruker G. Meiners ; 187 : *Death on a Pale Horse*, John Hamilton Mortimer (1740-1779), vers 1775 ; 190 : *Selected Tales of Mistery* (1909), illustration de Byam Shaw/ archive.org ; 192 haut : illustration de Gustave Doré pour *Gargantua et Pantagruel*, Livre I, 1894 ; 192 bas : *La jument de Gargantua urine sur ses adversaires*, gravure sur acier, Anonyme, 1840 ; 193 : page de titre de François Rabelais, *Gargantua*, Lyon, 1537/Olaf Simons.

Wellcome collection • 9 haut : *Six heeads of horses*, dessin vers 1789, T. Holloway, J.C. Lavater ; 10 droite : R. Hills ; 13 : W. Hollar, P. Williamson, 1674 ; 64 bas : *a lady and a gentleman galopping with their horses*, Daziel ; 30 bas : Henry William Bunbury, gravure, 1768 ; 31 haut : gravure sur bois, Anonyme ; 91 : cheval de combat, Charles Errard le Fils 1689 ; 114 haut : *Sinhalse devil standing before a red horse withe numerous snakes*/Sri Lanka ; 114 bas : Vane. Lithographie de H.B. (John Doyle), 1841 ; 145 haut : Frontispice, Markhams Masterpeece, 1636 ; 205 : Constellation de Pégase, manuscrit Perse, 373 ap. J.-C.

Flickr • 34-35 : Université de Caen Normandie, Cheval de trait, *Encyclopédie pratque de l'agriculteur,* L. Moll, E. Gayot, 1859 ; 65 bas : Internet Archive Book Image, *Nos enfants, scènes de la ville et des champs,* A. France, L.-M. Boutet de Montval, vers 1900 ; 92 bas : Internet Archive Book Image, *Contes de fées,* C. Perrault, 1908 ; Bibliothèques de Nancy, *Fables de La Fontaine,* dessin de Granville, cote BmN : Rés. 4288 ; 93 : Internet Archive Book Image, *Les jeux du cirque et la vie foraine,* J. Garnier et H. le Roux, 1889.

Bibliodissey/Domaine public • 108 : Fables de Florian illustrées par Benjamin Rabier, 1936.

Europeana collections • 100 haut : réclame pour bière, Pays-Bas, 1930-1980 ; 185 : début du XIXe siècle/John Landseer/ Wellcome Collections ; 204 : A Rajput warrior riding a horse, gouache Perse/Wellcome collections.

Fotolia.com • 16 bas ; 48 haut ; 101 haut.

Freepik.com • 83 bas ; 144 bas.

Gallica/domaine public • 106 : Fables de Florian illustrées par Benjamin Rabier, 1936/Ville de Paris/Fonds heure Joyeuse 2013-37662 ; 109 : Fables choisies Tome 2, J. de L Fontaine, 1755-1759 ; 191 bas : par Wikimédia commons ;

Gravures anciennes • 107 bas ; 191 haut : Old Book Illustrations, illustration de Hermann Wögel, 1884, paru dans les *Histoires extraordinaires* d'Edgar Allan Poe 57 ; 82 haut.

Informations-documents.com • 105 : gravure de Buffon, le cheval ; 119 : gravure de Buffon, le cheval d'Espagne.

Pixabay.com • 49 bas.

Thegraphicsfairy.com • 48 bas ; 115 gauche.

Poèmes des pages 161 et 162 : avec l'aimable autorisation de la Fondation Maurice Carême (Belgique).

عرقوبین که در وسط واقع اند از رس الدلو صحیح سخت ملتبوه در اد رسیمان وهمین موضع

کب خوانند و آن دو کوکب که بر سر صورت واقع اند ایشانرا سهم السهایم و آن دو کو

صورت واقع اند ایشانرا اسعد الاخبیه خوانند و آن دو کوکب که متقارب اند د

ایشانرا سعد البارع خوانند و آن دو کوکب را که بر زانوی راست صورت واقع ایشانرا اسعد المط

صورت فرس اعظم اینست

نوزدهم کوکبة المراة ا

نوزدهم کوکبة المراة المسلسله کواکب او بیست و سه کوکب اند از صورت غیر ا

کوکب نورانی که بر سر او است که آن در مقابله سره فرس اعظم واقع است و این زن ر